Comprender mejor la dislexia

Dra. ÉVELYNE PANNETIER

Comprender mejor la dislexia

Una guía para padres y educadores

EDICIONES OBELISCO

Si este libro le ha interesado y desea que le mantengamos informado
de nuestras publicaciones, escríbanos indicándonos qué temas son de su interés
(Astrología, Autoayuda, Ciencias Ocultas, Artes Marciales, Naturismo,
Espiritualidad, Tradición...) y gustosamente le complaceremos.

Puede consultar nuestro catálogo en www.edicionesobelisco.com

*Los editores no han comprobado la eficacia ni el resultado de las recetas,
productos, fórmulas técnicas, ejercicios o similares contenidos en este libro.
Instan a los lectores a consultar al médico o especialista de la salud ante
cualquier duda que surja. No asumen, por lo tanto, responsabilidad alguna
en cuanto a su utilización ni realizan asesoramiento al respecto.*

Colección Psicología
COMPRENDER MEJOR LA DISLEXIA
Dra. Évelyne Pannetier

1.ª edición: noviembre de 2017

Título original: *Mieux comprendre la dyslexie*

Traducción: *Pilar Guerrero*
Maquetación: *Montse Martín*
Corrección: *M.ª Jesús Rodríguez*
Diseño de cubierta: *Enrique Iborra*

© 2016, Les Éditions Québec-Livres
(Reservados todos los derechos)
© 2017, Ediciones Obelisco, S. L.
(Reservados los derechos para la presente edición)

Edita: Ediciones Obelisco S. L.
Collita, 23-25. Pol. Ind. Molí de la Bastida
08191 Rubí - Barcelona
Tel. 93 309 85 25 - Fax 93 309 85 23
E-mail: info@edicionesobelisco.com

ISBN: 978-84-9111-278-5
Depósito Legal: B-25.389-2017

Printed in Spain

Impreso en España en los talleres gráficos de Romanyà/Valls S. A.
Verdaguer, 1 - 08786 Capellades (Barcelona)

A mis tres hijas,
Nathalie, Mélanie y Valérie

Introducción

Leer es indispensable para vivir en la sociedad actual. Ya sea el modo de empleo de un electrodoméstico que acabamos de comprar, las consignas de un cajero automático o el contrato de un seguro, la lectura forma parte de la vida cotidiana. Lamentablemente, no todo el mundo domina esta capacidad al mismo nivel. Entre las múltiples razones que impiden a un individuo leer correctamente, está la dislexia, disfunción reconocida desde hace más de un siglo. Sin embargo, sólo se ha empezado a comprenderla mejor recientemente. El desarrollo de técnicas de diagnóstico por imágenes nos permite, ahora, ver el cerebro «en acción», contemplar las regiones implicadas en los diferentes mecanismos que permiten leer y estudiar lo que se produce en un disléxico. Si bien las causas concretas del problema no están del todo claras, los métodos de actuación para mejorar se van adaptando cada vez más a las dificultades de los afectados, cuya vida estará afectada de forma permanente.

El objetivo de este libro es describir la dislexia a la luz de los últimos descubrimientos científicos, sin perder nunca de vista que debe mediar un diagnóstico por parte del especialista, al que se llega gracias a la evidencia de problemas específicos. Si bien la escuela y los maestros estarían en primera línea a la hora de detectarla, la dislexia puede pasar desapercibida en un principio y va mucho más allá del marco escolar y su evaluación, así como su tratamiento, requieren de la colaboración de profesionales de la salud y de la readaptación, para trabajar juntos y obtener los mejores resultados posibles. Los problemas de presupuesto que acosan continuamente al mundo de la educación y al de la salud llevan a muchos padres a buscar ayuda privada e incluso terapias alternativas para intentar aportar a sus hijos disléxicos el sostén necesario. Las diferentes aproximaciones que abordamos aquí tienen siempre carácter científico; en ese sentido, no se trata de una revisión exhaustiva de todas las técnicas que se pueden intentar para encontrar desesperadamente una solución milagrosa al problema. Y es que no hay soluciones milagrosas en el tratamiento de la dislexia: lo único que hay es trabajo duro, esfuerzo constante y bien orientado, así como un entorno comprensivo en casa y en la escuela.

Al final de este libro hay un fascículo específicamente creado para ser leído por un niño disléxico. En efecto, muchos padres y maestros tienen dificultades para explicar con claridad qué es la dislexia y para responder a los numerosos «porqués» que un niño disléxico tiene en la cabeza. Gracias a la historia que nos cuenta Miguel, un niño de primaria, podrá comprender por sí mismo sus dificultades, mientras que la página de padres les permitirá documentarse sobre tal o cual punto preciso y, cuando sea necesario, responder a las preguntas de su hijo.

Capítulo 1

Introducción a la dislexia

El ser humano, mejor dicho su antiguo ancestro, camina sobre dos piernas desde hace más de un millón de años. Los descubrimientos de los paleontólogos permiten deducir que habla desde al menos 250.000 años. Pero leer, lo que se dice leer, sólo lee desde hace unos 5.000 años e, incluso entonces, la lectura era cosa de una pequeña élite… Así que no, leer no es una aptitud natural inscrita en el patrimonio genético de la humanidad.

La lectura y la escritura son invenciones del cerebro humano, igual que la rueda, los coches o los ordenadores. No son actividades espontáneas sino que deben aprenderse, del mismo modo que hay que aprender a conducir un coche o a utilizar un ordenador. La lectura y la escritura son herramientas que sirven para vehicular la información, no son funciones naturales como la visión o la audición. Y no todo el mundo es capaz de utilizar esas herramientas con la misma habilidad. No es Rodin quien quiere, no todo el mundo sabe conducir como Michael Schumacher y los ordenadores pueden resultar incomprensibles para personas de cierta edad. Con la lectoescritura pasa lo mismo. Es un vehículo de transmisión de conocimientos para algunos, una fuente de placer intelectual para otros y un auténtico martirio para otros; no todo el mundo utiliza estas capacidades con la misma eficacia.

Definición de la dislexia

La dislexia es una forma muy particular de dificultad para leer. La propia palabra lo explica con claridad: «dys», del griego, que significa 'dificultad', «lexía», del griego también, que significa 'palabra'.

Partiendo de esa base, se le pueden dar numerosas definiciones para precisar sus límites y características. El objetivo de esta obra no es exponer las abundantes polémicas en las que se regodean los especialistas, cada uno de los cuales defiende su «territorio» de lingüista, logopeda, audiologista, optometrista, neurólogo, neuropsicólogo u ortopedagogo.

Siguiendo con su sentido etimológico, la dislexia es una dificultad difícil para percibir, comprender y reproducir los símbolos de la lengua escrita; su consecuencia es la inmediata aparición de dificultades de aprendizaje en la lectura, la escritura y la ortografía, que afecta directamente a la comprensión de los textos y que tiene repercusiones serias en el conjunto de las adquisiciones escolares. Tras resultar evidente en la infancia, la adolescencia o los diferentes períodos de escolarización, persiste en grados diversos en la edad adulta y sus consecuencias serán proporcionales a las estrategias de compensación que haya ido desarrollando el individuo disléxico con el paso de los años.

El carácter perdurable de los problemas relacionados con la dislexia permite diferenciarla de otras dificultades relacionadas con la lectura, en particular del simple retraso en el aprendizaje general, que favorece lógicamente un retraso en la adquisición de habilidades para leer pero que, por el contrario, no deja trazas perdurables una vez se dominan las estrategias para leer.

La Organización Mundial de la Salud (OMS) ha incluido la dislexia en la Clasificación Internacional de Enfermedades (CIE-10), en la rúbrica de «problemas específicos del desarrollo de aptitudes escolares». Si bien se trata de una definición larga, más basada en criterios de exclusión que en sus características específicas, es importante citarla aquí porque se emplea mucho en los trabajos de investigación sobre dislexia. Figura en el cuadro 1.1.

Es interesante remarcar algunos puntos en esta definición. Los criterios de exclusión son ampliamente dominantes; para hablar de la dislexia no es necesario que los problemas de lectura tengan que ver con la visión, ni la audición, la inteligencia o la enfermedad neurológica. La escolarización debe ser la adecuada, es decir, que el niño haya frecuentado la escuela con la suficiente asiduidad, dentro de un sistema de enseñanza de la lectura reconocido por la sociedad en la que vive. Las aptitudes de lectura deben ser evaluadas por test estandarizados, en relación con la edad del niño. Y no se puede hablar de dislexia a no ser que haya una desviación significativa de dos discrepancias-tipo en relación a la media de un grupo de edad, lo cual, en la práctica, corresponde a un retraso de dieciocho meses a dos años en la adquisición de la lectura.

Consecuencia directa de este criterio: que no se puede hablar de dislexia en tanto en cuanto no haya habido una exposición suficientemente larga a una enseñanza adecuada de la lectura. En el sistema escolar canadiense, por ejemplo, no se puede decir que un niño es disléxico hasta que no haya acabado los dos primeros años de primaria, por lo tanto, en Canadá no hay niños disléxicos menores de 7 o 8 años, legalmente reconocidos. En España, no se reconoce hasta los 9 años, normalmente. Según estas leyes, sería imposible diagnosticar dislexia a niños en ciclo infantil, lo cual es falso, y sólo se permite predecir la dislexia o denominarlos predisléxicos. Partiendo de ese absurdo, lo único que se puede hacer es calcular los riesgos y las dificultades de aprendizaje que el niño sufrirá, a partir de criterios sobre los que volveremos más adelante en esta obra, para ofrecer un seguimiento cercano y una intervención lo más precoz posible, si los temores se van confirmando.

Finalmente, la OMS ha incluido, en sus criterios de definición, las repercusiones no sólo sobre el éxito escolar, sino en las actividades de la vida cotidiana que requieran de la lectura. Porque la dislexia empezó por ser reconocida sólo como un problema de aprendizaje, pero luego se ha comprobado que tiene consecuencias en muchos otros ámbitos: contratar servicios, leer manuales de instrucciones o adquirir conocimientos en general.

La OMS también incluye, en su definición de la dislexia, las dificultades que provoca en el plano ortográfico. Esta dimensión es interesante porque, si bien la lectura puede mejorarse con una reeducación adecuada, las dificultades en la escritura persisten en la edad adulta casi invariablemente.

Otra clasificación, utilizada esencialmente por los médicos de Norteamérica, es el DSM-IV. En ella se encuentran los mismos criterios que en la de la OMS, como veremos en el cuadro siguiente.

Todas estas definiciones conciernen a lo que se conoce como dislexia de desarrollo, en oposición a la dislexia adquirida o alexia. La dislexia adquirida sobreviene tras un episodio más o menos agudo que dañe un cerebro aparentemente normal. Es el caso, por ejemplo, de un accidente vascular cerebral, de un traumatismo, de un tumor o de una enfermedad degenerativa como el alzhéimer. Puede aparecer, así, en individuos que han aprendido a leer y escribir normalmente y que estaban utilizando la lectura y la escritura adecuadamente en sus vidas, porque se han producido lesiones cerebrales que dañan las zonas que permiten leer. La alexia raramente aparece aislada, y suele acompañarse de otros problemas neurológicos: afasia (anomalía adquirida del lenguaje) o parálisis diversas. Fijémonos que la pérdida de visión, parcial o total, que provoca serias dificultades para poder leer, obviamente, no se llama nunca ni dislexia ni alexia, dado que estos términos están reservados a problemas cuyo origen es cerebral.

Breve descripción del cerebro

El cerebro es un órgano complejo por lo que una breve descripción de su anatomía nos permitirá aclarar los términos empleados a lo largo de este libro. Una presentación de las técnicas de exploración utilizadas tanto en clínica como en investigación mostrará los medios de los que disponen actualmente los médicos para estudiar su funcionamiento.

Anatomía del cerebro

Ubicado en el interior de la bóveda craneal que lo protege, el cerebro tiene un volumen de unos 1.400 cm³ y la consistencia de una gelatina; está rodeado de unas capas llamadas meninges. Constituye la extremidad superior del sistema nervioso central y se prolonga a través de la médula espinal que desciende por el canal raquídeo, delimitado por las vértebras. El sistema nervioso periférico está, por su parte, formado por nervios: doce pares de nervios craneales que parten del sistema nervioso central y los nervios raquídeos que salen de la médula espinal.

Visto por fuera, el cerebro se compone de dos hemisferios cerebrales, aproximadamente idénticos, cada uno de los cuales se divide en cuatro lóbulos, como se ilustra en la figura 1.1: lóbulo frontal delante, lóbulo parietal al lado superior, lóbulo temporal al lado inferior y lóbulo occipital detrás. Detrás de los hemisferios se encuentra una estructura en forma de coliflor llamada cerebelo.

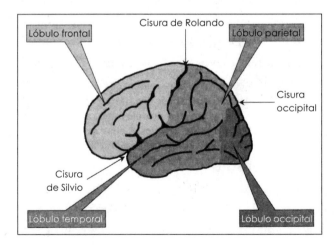

Figura 1.1
Vista externa del hemisferio izquierdo.
© E. Pannetier 2009

Si ahora miramos dentro del cerebro, veremos que está formado por tejidos de dos colores: la materia gris y la materia blanca (figura 1.2). La sustancia gris contiene células (neuronas y células de apoyo llamadas gliales); forma la capa externa del cerebro, llamada córtex cerebral, y también encontramos células reagrupadas en profundidad, esencialmente núcleos grises centrales y núcleos de nervios craneales. La materia blanca, por su parte, constituye el volumen esencial del cerebro y está compuesta de fibras que se comunican entre ellas en diversas zonas cerebrales. Debe su color blanco a la mielina, especie de aislante que envuelve cada axón. Los axones son prolongaciones de las neuronas que les permiten transmitirse información entre ellas. Una estructura particular comunica los dos hemisferios: el cuerpo calloso. Une, punto por punto, las diferentes zonas del córtex derecho e izquierdo. Resulta fundamental para el funcionamiento del cerebro, porque asegura la transferencia de información de un hemisferio a otro y su funcionamiento armonioso. El cuerpo calloso puede, igualmente, frenar el exceso de información transmitida y permite que cada hemisferio conserve sus competencias propias.

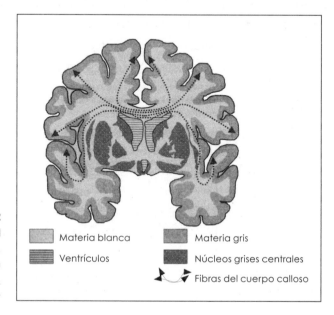

Figura 1.2
Corte vertical de un cerebro, mostrando su estructura interna.
© E. Pannetier 2009

	Materia blanca		Materia gris
Ventrículos			Núcleos grises centrales
			Fibras del cuerpo calloso

Su desarrollo parece influenciado por numerosos factores: la lateralidad, el sexo, el tipo de aprendizaje. La parte anterior, que une los lóbulos centrales, está más desarrollada en los zurdos y músicos. La parte posterior es más grande en hombres zurdos y en mujeres diestras, atestiguando un mayor número de conexiones entre los hemisferios en estos dos grupos de individuos.

En el curso de la evolución que ha llegado hasta el ser humano, el córtex cerebral se ha desarrollado considerablemente y, en consecuencia, ha tenido que doblegarse sobre sí mismo para seguir contenido en el espacio craneal. Eso le da al cerebro esa apariencia irregular, formada por circunvoluciones separadas por surcos. Ciertos surcos son más profundos que otros, en ese caso se llaman cisuras y separan los lóbulos: cisura de Rolando entre los lóbulos frontal y parietal; cisura de Silvio entre los lóbulos temporal y frontal: cisura occipital entre los lóbulos occipital, parietal y temporal (figura 1.1).

Los estudios anatómicos y funcionales, así como la observación de la estructura del córtex cerebral, han permitido confeccionar un mapa que relaciona una región a una función. El primero en completar la cartografía cerebral fue el alemán Korbinian Brodmann, en 1909, numerando las diferentes regiones cerebrales, después conocidas con el nombre de áreas de Brodmann. El nexo entre localizaciones del cerebro y sus funciones se ha ido confirmando con las recientes técnicas de exploración cerebral, particularmente el diagnóstico por imagen.

La figura 1.3 representa una vista lateral del hemisferio cerebral izquierdo, con la numeración de las áreas cerebrales y la identificación de las principales de ellas, en relación con los procesos implicados en la lectura. En los próximos capítulos, nos referiremos a estas tres ilustraciones para que el lector pueda ubicar las diferentes zonas cerebrales a las que nos estemos refiriendo, tanto si están implicadas en los procesos normales de lectura o con relación directa con la dislexia. Ésta ya se conocía antes de saber cómo funcionaba el cerebro, pero los nuevos métodos de investigación, desarrollados esencialmente en los últimos veinticinco años, han resultado cruciales para su comprensión.

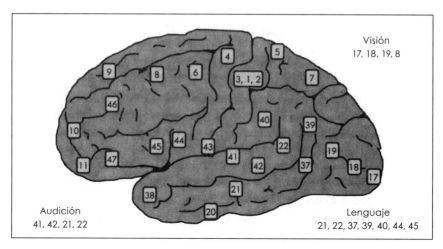

Figura 1.3
Áreas de Brodmann (vista externa del hemisferio izquierdo). © E. Pannetier 2009

Métodos de exploración del cerebro

Los progresos de la tecnología permiten, en la actualidad, conocer mejor las relaciones entre el cerebro y las actividades que dirige. Existen tres grandes clases de técnicas que permiten estudiar el cerebro:

- Imágenes estructurales o estáticas, consistentes en estudiar la anatomía del cerebro.
- Imágenes funcionales, que permiten ver «cómo piensa el cerebro».
- Imágenes por estimulación, que observan cómo el cerebro reacciona ante estímulos directos y precisos.

Imagenología estructural
Comprende, esencialmente, la tomografía axial asistida por ordenador, comúnmente conocida como CT scan, y la resonancia magnética, conocida por sus siglas IRM.

- El CT scan (en inglés *computerized tomography scan*) existe desde hace unos cuarenta años y utiliza los rayos X como las radiografías clásicas. Las imágenes obtenidas al fotografiar el cerebro desde diferentes ángulos son tratadas por un programa informático que ahora nos permite obtener una representación precisa de «cortes» horizontales del cerebro. Los aparatos más recientes facilitan una reconstrucción en 3D perfectamente realista. El CT scan se emplea, especialmente, en los accidentes cerebrovasculares o en las secuelas de traumatismos cerebrales.

- Las imágenes por resonancia magnética (IRM) no utilizan rayos X, pero someten al cerebro a un campo electromagnético que modifica el campo magnético de los protones de los átomos de hidrógeno, que contienen las moléculas de agua, y que constituyen la mayor parte del cuerpo humano en general y el cerebro en concreto. Tras detener esta estimulación por ondas, los protones recuperan su orientación habitual emitiendo una señal de radio. Esa pequeña señal, denominada resonancia magnética, se registra mediante receptores y se transmite a un ordenador que produce imágenes del cerebro en diferentes planos. Las imágenes son muy precisas, sobre todo para distinguir la materia blanca y la materia gris. La IRM se usa para detectar numerosas enfermedades cerebrales como la esclerosis por placas o la enfermedad de Alzheimer.

Imagenología funcional

Agrupa la electroencefalografía o EEG, la imagenología por resonancia magnética funcional o IRMf, y la tomografía por emisión de positrones o TEP.

- La electroencefalografía (EEG) es una técnica utilizada desde hace casi un siglo; mide la actividad eléctrica producida por las neuronas del cerebro, que puede grabarse gracias a electrodos pegados al cuero cabelludo. Sirve, sobre todo, para localizar focos de epilepsia y está fuertemente influenciada por las variaciones del estado de conciencia (vigilia-sueño), gracias a lo cual permite el seguimiento de los estados de coma. La frecuencia de las diferentes ondas cerebrales ha sido asociada a estados funcionales diversos; las ondas *beta*, de 13 a 30 hercios, en las regiones frontales, corresponderían a un tratamiento activo de la información, mientras que las ondas *alfa*, de 8 a 12 hercios, se encuentran en las regiones occipitales de sujetos despiertos pero en estado de relajación; las ondas *theta*, de 4 a 8 hercios, predominan en las regiones temporales y estarían asociadas a la memoria y a las emociones. Sin embargo, la electroencefalografía, si bien da una buena imagen en tiempo real del funcionamiento cerebral, no ofrece una gran precisión en cuanto a la localización espacial de dichas actividades y tiene pocas aplicaciones en el estudio de las funciones cognitivas.

- La imagenología por resonancia magnética funcional (IRMf) utiliza el mismo principio que la IRM, pero se lleva a cabo al mismo tiempo que un individuo realiza una tarea. Emplea una característica anatómica del cerebro: cuando una región de éste se encuentra realizando una tarea, el aumento de la actividad de las neuronas comporta una elevación del aporte sanguíneo porque las necesidades de glucosa y de oxígeno aumentan. La hemoglobina que transporta el oxígeno hasta los tejidos lo libera para permitir el funcionamiento de las neuronas. Entonces se convierte en desoxihemoglobina, que tiene un campo magnético diferente, variación que será detectada por unos receptores, que transmitirán la información a un ordenador. Éste, comparando con imágenes tomadas antes de la realización de la tarea, marca las zonas responsables. Se trata de una técnica que ha hecho progresar notablemente nuestro conocimiento del funcionamiento cerebral y del aprendizaje.

- La tomografía por emisión de positrones (TEP) parte del mismo principio que la resonancia magnética funcional, a saber, el aumento localizado del débito sanguíneo cerebral durante la realización de una actividad. Por el contrario, la TEP utiliza un producto radiactivo que marca el agua o la glucosa y que se inyecta justo antes de empezar una tarea. La medida de la radiactividad, más importante en la zona que está trabajando, permite saber qué área cerebral dirige las operaciones de la tarea efectuada. Las imágenes obtenidas son menos precisas que en la resonancia magnética funcional, en términos de localización, pero su ventaja consiste en que permite incluir el marcador radiactivo en las sustancias en que se pretende estudiar cómo utiliza el cerebro, tanto si se trata de neurotransmisores como de medicamentos.

Imagenología por estimulación

Las técnicas de imagenología por estimulación están, actualmente, reservadas al ámbito de la investigación. Esencialmente, se trata de la estimulación magnética transcraneal (SMT), en el curso de la cual, un campo magnético creado en el exterior del cráneo, en relación con la zona que queremos estudiar, induce la formación de una corriente eléctrica en el interior del cerebro, con una profundidad de unos dos centímetros. Permite crear una «lesión virtual temporal» en la región que va a estudiarse y observar cómo perturba la realización de una tarea dada. La estimulación magnética transcraneal de repetición es una aplicación concreta que podría tener un efecto terapéutico en casos de depresión o para ciertos síntomas de la esquizofrenia.

Estas técnicas han permitido progresar enormemente en el conocimiento de los mecanismos de funcionamiento del cerebro en los últimos años. Pero la dislexia se conocía de antes.

Cronología

Es difícil precisar en qué momento apareció la dislexia como un problema reconocido en el ámbito escolar y, fuera de éste, en el marco de la comunidad médica. Parece que el término «dislexia» fue empleado por primera vez en una publicación científica de 1887 por un oftalmólogo alemán, el Dr. Rufolf Berlin, cuyo artículo tenía por título «Eine Besondere Art der Wort-blingheit (Dyslexie)».

Como suele suceder en las primeras descripciones de toda patología, poco tiempo después, en 1896, un médico inglés llamado W. Pringle Morgan, publicó en el *British Medical Journal*, la descripción de un problema específico de aprendizaje que llamó *congenital word blindness*, esto es, ceguera congénita para las palabras. Puso el foco en dos características importantes de lo que más tarde será comúnmente llamada dislexia: dificultad relacionada con el aprendizaje, sin ninguna deficiencia intelectual, que afecta al reconocimiento visual de las palabras.

Pero el primer estudio completo sobre la dislexia, el cual comprende una descripción clínica e hipótesis sobre sus orígenes, se encuentra en una obra publicada en 1917 por un oftalmólogo escocés llamado James Hinshelwood, que retoma la expresión *congenital word blindness* como título. En este caso, describe los síntomas, ya ampliamente conocidos para el público: inversión de letras, dificultades de deletreo, dificultades de escritura y ortografía y, en consecuencia, serios problemas de comprensión lectora. Hinshelwood lanza la hipótesis de que la causa radica en un problema de memoria visual que afecta a la zona parietal izquierda del córtex cerebral, afectando al reconocimiento de letras y palabras.

Durante los sesenta años siguientes, se dieron muchas teorías explicativas que alimentaron la bibliografía científica y las discusiones entre los especialistas implicados, como optometristas, neurólogos, ortopedagogos, pasando por psicoanalistas, oftalmólogos, foniatras y neuropsicólogos.

> **Teoría:** Conjunto de ideas o conceptos que intentan establecer un sistema de conocimientos coherentes. Una teoría no es un hecho probado.
>
> **Neurocognición:** Conjunto de estructuras y mecanismos del cerebro, en la base de las funciones, que permiten interactuar con el entorno (percepción, lenguaje, memoria, inteligencia...).

Si bien incluso en nuestros días sigue habiendo defensores de teorías psicoafectivas o psicosociales que explicarían la dislexia, actualmente hay un consenso en priorizar las explicaciones neurológicas y cognitivas, apoyadas por los resultados obtenidos de las recientes técnicas de imagenología funcional. En esta cronología sólo apuntaremos las grandes fechas de aparición de teorías relevantes de la neurocognición.

El neurólogo Samuel T. Orton, en los años veinte, lanzó la hipótesis de que la dislexia se debía a una dificultad para asociar la forma visual de las palabras a su forma oral; atribuía el problema a una dificultad para establecer la dominancia a un hemisferio adecuado. En efecto, el cerebro está constituido por dos hemisferios que no son idénticos en su funcionamiento, siendo el hemisferio dominante, habitualmente, el que controla el lenguaje, que suele ser el izquierdo en los diestros. Samuel T. Orton se dio cuenta de que muchos disléxicos eran zurdos o habían tardado bastante en establecer una dominancia manual, es decir, el priorizar el uso de una de sus manos para escribir o manipular. También percibió que la mayoría tendía a la escritura «en espejo» de algunas letras o incluso de palabras enteras, esto es, invirtiendo el sentido de derecha a izquierda.

Desde 1965, el neurólogo americano Norman Geschwind, titular de la cátedra de neurología en Harvard, fue el primero en lanzar la hipótesis de que la lectura hace intervenir a diversas zonas del cerebro que deben actuar de manera rápida y sucesiva. Ésa es la base de todas sus publicaciones en los veinte años que siguieron. El lóbulo occipital, sede de las funciones visuales; el lóbulo temporal izquierdo, sede de diversas funciones lingüísticas; y el lóbulo frontal, sede de la atención y la palabra, están implicados en el proceso de lectura.

A finales de los años setenta, Paula Tallal sugirió que la dislexia estaba asociada a un tratamiento anormal de los sonidos. El sujeto disléxico no percibe bien los sonidos que se suceden a un ritmo cercano, que es lo que pasa en el lenguaje habitual. Por lo tanto, no puede constituir una imagen sonora exacta de la palabra y, cuando tiene que leer, no es capaz de asociar bien la forma escrita a la forma sonora adecuada. Paula Tallal desarrollaría, veinte años más tarde, junto con Michael Merzenich y otros investigadores, un tratamiento innovador que se beneficiaba de los progresos de la informática. Llamado *Fast For Word*, este programa, disponible desde 1997, permite alargar los diferentes sonidos del lenguaje para que los disléxicos los reconozcan mejor.

En 1979, A. M. Galaburda y T. L. Kemper fueron los primeros en describir las anomalías anatómicas visibles en el cerebro de los disléxicos. Utilizando un caso de autopsia que sería confirmado por muchos otros casos publicados entre 1985 y 1991, describían anomalías de forma y estructura en una región particular del cerebro llamada plano temporal. Esta región, relacionada con el lenguaje, suele ser asimétrica porque se desarrolla más en el hemisferio izquierdo que en el derecho. En los sujetos disléxicos, está menos desarrollada y se ve igual a la del hemisferio derecho, además de tener las células del córtex cerebral mal organizadas.

Fonema: Unidad sonora fundamental cuya asociación forma las palabras del lenguaje hablado.

Grafema: Unidad gráfica cuya asociación forma las palabras del lenguaje escrito.

En 1983, L. Bradley y P. E. Bryant desarrollaron, en la revista *Nature*, una teoría llamada fonológica de la dislexia. La base del aprendizaje de la lectura es, para ellos, la categorización de los sonidos y el reconocimiento del hecho de que las palabras habladas están formadas por fonemas (unidades lingüísticas sonoras) a los que corresponden conjuntos de letras (grafemas). El análisis adecuado de dichos sonidos es imposible para un disléxico. Los autores hablan de una *phonological awareness*, que podemos traducir por «conciencia fonológica».

Pero a partir de los años noventa, los avances en las técnicas de imagen cerebral pudieron precisar lo que ocurre en un cerebro cuando se lee. Las imágenes por resonancia magnética funcional (IRMf) y la tomografía por emisión de positrones (TEP) muestran un aumento en el débito de sangre y la utilización de marcadores radiactivos muestra las zonas del cerebro que se activan durante una actividad cognitiva. Estas nuevas tecnologías están aún lejos de haber aportado todos los conocimientos que acabarán mostrando, y las utilizan en el mundo entero numerosos equipos de investigadores que trabajan para elucidar el funcionamiento del cerebro disléxico. Sus únicos límites actuales son de carácter ético, en particular para la tomografía por emisión de positrones que utiliza marcadores radiactivos. Hay reticencias para emplearlos en niños, por ese motivo los estudios se llevan a cabo en adultos disléxicos, lo cual no es necesariamente un reflejo completo de los procesos que se desarrollan en un cerebro en proceso de maduración como el de los niños.

Es interesante señalar que este repaso histórico demuestra que la casi totalidad de los estudios sobre la dislexia ha sido efectuada en individuos que han utilizado la escritura alfabética. Recientes publicaciones, muy aisladas, sobre la dislexia han ido apareciendo en Japón y en China. Esperamos nuevos trabajos que muestren cómo leen el cerebro las diferentes escrituras en su caligrafía y estructura, porque el sistema que nosotros utilizamos en español, francés o inglés, no es el único capaz de transcribir palabras.

Lo que vamos a ver en el próximo capítulo, viajando en el tiempo y el espacio, nos permitirá comprender mejor por qué y cómo se lee.

Capítulo 2

Pequeña historia de la lectura

Leer y escribir en el tiempo

Escribir es una actividad que ha aparecido relativamente tarde en la historia de la evolución humana y tampoco tenemos muy claro qué motivó de manera precisa su aparición; la lectura se desarrolló simultáneamente. Sin embargo, se trata de una de las etapas más importantes porque separa la prehistoria de la historia.

La escritura apareció en cuatro lugares del mundo y parece claro que su invención fue completamente independiente en cada uno de estos sitios, dado que es improbable que existieran contactos entre regiones sumamente alejadas entre sí. Hacia el 3400 a. C., aparecen los primeros trazos de escritura en Mesopotamia, en la zona que actualmente consideramos Irak. La cultura sumeria florecía entonces y uno de sus frutos fue el primer sistema de escritura conocido, a base de incisiones en arcilla húmeda con un punzón. A esta escritura se le llama cuneiforme y es la primera manifestación del deseo humano de hacer perdurar la palabra en el tiempo y el espacio.

Un siglo más tarde, aproximadamente, los egipcios inventaron un sistema de escritura completamente diferente, a base de jeroglíficos. Mucho más artísticos que las letras cuneiformes, asociaron pinturas figurativas y caracteres simbólicos. Pensados para ser grabados en piedra, pasaron luego a ser pintados en papiro, el ancestro del papel actual. La escritura jeroglífica da fe de una complicación de la significación de cada signo escrito. Según el contexto que lo rodea, un jeroglífico puede representar una idea que lleva asociada (por ejemplo, el dibujo de una casa significaría «casa»); en ese caso se habla de ideogramas (literalmente: idea escrita). En otros casos, el jeroglífico representa un sonido, como una consonante dentro de una palabra, de manera que el dibujo de una casa se leería «C»; en ese caso se habla de fonograma (literalmente: fonema escrito). Por último, un jeroglífico puede representar una clase semántica (que da sentido) cuando se ubica al final de una palabra; entonces, el dibujo de la casa tendrá la función de indicar el tipo de edificio al que se refiere la palabra anteriormente escrita, por ejemplo un templo; en ese caso se habla de determinativo.

Pictograma: Signo escrito para representar un símbolo o un dibujo cuyo sentido se deduce directamente.

Ideograma: Signo escrito para representar una idea (en este ejemplo, mujer en japonés).

Fonograma: Signo escrito para representar un sonido o un conjunto de sonidos.

MUJER

Lejos de Egipto, otras personas desarrollaron sistemas de escritura basado en pictogramas (literalmente: imágenes escritas) cuyas primeras trazas datan del 1400 a. C. En lo que luego sería la China, la gente grababa signos en los caparazones de tortuga o en huesos de vacas. También es cierto que los especialistas afirman que no se trata de auténticos pictogramas, como los que indican dónde está el lavabo en la sociedad actual, sino versiones abstractas, lo suficientemente simbólicas como para que alguien que no habla chino no pueda entenderlos basándose, únicamente, en el dibujo que ve.

Por último, en un continente cuya existencia misma era desconocida para las civilizaciones precedentes, pueblos como los mayas de América

Central (olmecas y zapotecas) inventaron una escritura llamada «precolombina». Se compone de unidades lingüísticas denominadas glifos, cuyas primeras trazas se remontan al 900 a. C. Un glifo es un pequeño bloque rectangular, normalmente grabado en piedra, que agrupa diversas unidades con representaciones de caras de perfil, que juntas llevan a la formación de una palabra. Más tarde llegaron a pintarse sobre diferentes materiales. Esta escritura está sólo parcialmente descifrada a causa de un problema mayor: seguramente con el fin de mejorar el aspecto visual y evitar repeticiones, cada escriba (persona que escribía) aportaba sus variaciones personales, eliminando así el carácter «universal» de la escritura, en tanto que medio de comunicación.

¿Qué pasó con los sistemas de escritura iniciales? Tres de ellos ya no existen. Los glifos americanos desaparecieron con la llegada de los españoles que, pocos años más tarde, impusieron su propia escritura y su lengua. Los jeroglíficos egipcios fueron evolucionando y tuvieron una vida más larga, siendo progresivamente abandonados a partir del 400 d. C., al mismo tiempo que la cultura egipcia se veía asfixiada por la grecorromana. En cuanto a la escritura cuneiforme, tras haberse expandido por Oriente Medio y haber servido a diversas lenguas de la región, desapareció en el siglo primero de nuestra era, al tiempo que se extinguían sus potencias y las lenguas habladas en sus reinos.

Realmente sólo ha sobrevivido la escritura china. Desde su invención, se han creado unos 80.000 caracteres para transcribir los múltiples dialectos y lenguas que se hablan en la zona. De manera periódica, políticos y lingüistas se dedican a «normalizar» y reducir el número de caracteres en uso para facilitar el aprendizaje de la lectoescritura y asegurar a la escritura su rol de comunicación. Si, en el siglo III a. C., el emperador Qui Shi Huang Di decidió que el chino se escribiría utilizando sólo 3.000 caracteres, la practica actual se sitúa en unos 9.000, aunque con 2.000 se tiene una comprensión adecuada de libros y periódicos. La última tentativa por enmarcar la escritura china data de 1958, cuando Mao Zedong y los dirigentes de la República Popular China instauraron una reforma que pretendía la simplificación a 1.700 caracteres, con el objetivo de «democratizar» la cultura y hacerla accesible al conjunto de la población. Dichas modificaciones no fueron reconocidas en Taiwán.

Este hecho ilustra perfectamente el estrecho lazo entre la lectoescritura y el poder. Jeroglíficos egipcios, escritura cuneiforme o glifos mayas han desaparecido al mismo tiempo que las civilizaciones que los inventaron, para ser reemplazados por otros sistemas de escritura invasores.

Luego apareció una nueva herramienta de escritura que revolucionó totalmente la forma de convertir el lenguaje en signos: la invención del alfabeto, que se atribuye a los fenicios, hacia el 1000 a. C. Este pueblo de marineros y comerciantes, establecido en la costa este del Mediterráneo, en el actual Líbano, inventó un sistema de transcripción del lenguaje basado en los sonidos (más precisamente en las consonantes). La fabulosa ventaja del alfabeto, y seguramente la clave de su aplastante éxito, es que necesita pocos signos.

El primer alfabeto requería sólo de 22 signos; es mucho más fácil aprender a escribir con 22 signos que con cientos o miles de signos, glifos, jeroglíficos o símbolos. Su éxito fue inmediato y tuvo connotaciones políticas: los fenicios no construyeron un gran imperio pero su papel de marinos y comerciantes les permitió extender su influencia y su alfabeto por todo el Mediterráneo y Oriente Medio.

Escritura alfabética: Utiliza letras que representan sonidos básicos en una lengua (consonantes y vocales).

Escritura silábica: Utiliza símbolos gráficos que representan una unidad fonética compuesta de consonantes y vocales pronunciadas en una sola emisión de voz.

Escritura ideográfica: Utiliza símbolos gráficos que representan el sentido de la palabra y no los sonidos que la componen.

A partir de un puñado de signos que permite escribir todas las lenguas, se desarrollaron escrituras que tienen en común el poco número de signos requeridos y la simplicidad gráfica de los mismos, capaces de transcribir la totalidad de las palabras y estructuras que caracterizan las diferentes lenguas. El éxito mayor lo tuvo el abecedario latino, utilizado en la actualidad por más de un billón de seres humanos que hablan español, inglés, francés, italiano, portugués... Surgieron otras lenguas a partir del alfabeto fenicio, como el árabe y el hebreo pero, en esos casos, su difusión fue de carácter religioso y no práctico, y el Corán y la Torah fueron la base de su difusión. Otros alfabetos, como el griego y el cirílico, han evolucionado sólo localmente.

Por último, existen sistemas de escritura que no sólo usan la letra-sonido como base, sino la letra-sílaba. Estos sistemas llamados silabarios se usan en Japón e India, principalmente. En la India existen oficialmente quince lenguas y once sistemas de escritura diferentes, la escritura alfabética es la que se emplea para transcribir las lenguas «extranjeras» más comúnmente utilizadas: el inglés y el árabe. Esos sistemas parecen derivar todos de un silabario constituido alrededor del siglo III a. C. El caso de la escritura japonesa es muy particular, dado que se fue construyendo de manera progresiva, combinando la integración del sistema de escritura chino en el siglo VI d. C. con la invención local de dos silabarios. El primero permite transcribir la sintaxis y las estructuras gramaticales del japonés hablado, completamente diferentes del chino; apareció hacia el año 1000 d. C y se denominó *hiragana*. El segundo, más tardío, permite la transcripción fonética de palabras extranjeras importadas y está formado por los *katakana*.

Podríamos creer que en la actualidad todos los sistemas de escritura que existen se remontan a siglos atrás. De hecho, en los últimos decenios hemos asistido a los intentos por crear nuevos sistemas de escritura, principalmente en África, para favorecer la permanencia de lenguas de uso local que hablan grupos étnicos de tradición oral. Su débil difusión y su poca adaptación a las nuevas tecnologías los han conducido al fracaso.

Por consiguiente, hay más de 5.000 años de evolución de la escritura que han desembocado en los sistemas de comunicación escrita actualmente utilizados.

Leer y escribir en el mundo

Es importante empezar señalando que la dislexia aparece únicamente asociada a las escrituras alfabéticas.

Por definición, un alfabeto es un conjunto de signos escritos llamados letras, a cada uno de los cuales corresponde un sonido básico de la lengua hablada. Su gran ventaja es que es muy fácil de aprender porque tiene pocos signos que memorizar, generalmente menos de treinta. Es el caso de nuestro alfabeto castellano.

Los dos alfabetos más utilizados en el mundo son el latino y el árabe. Sin embargo, el conocimiento de las letras que componen un alfabeto, si bien es indispensable para poder leer y escribir, generalmente resulta insuficiente para dominar adecuadamente la comunicación escrita. Modificaciones de forma, añadidos diversos, complican la lectura.

En muchos casos, las letras se escriben de manera diferente según el lugar que ocupan en la palabra. En castellano, las letras pueden ser mayúsculas o minúsculas. La mayúscula se coloca al inicio de una frase, para escribir nombres propios o para transcribir siglas (unidad de lenguaje formada por las iniciales de las palabras que la componen). La frase siguiente es un ejemplo de los tres posibles usos de la mayúscula: «He visitado las instalaciones de la ONU en compañía de Pedro». Nuestros ojos lectores están acostumbrados a ver e interpretar automáticamente la función de las mayúsculas hasta tal punto que la misma frase escrita sin ellas nos parecería muy rara: «he visitado las instalaciones de la onu en compañía de pedro». La forma de las letras también puede modificarse según con qué herramienta se escriba. La letra cursiva es muy diferente de la capital y de la letra de imprenta. En otra escritura alfabética, como el árabe, la forma de la letra varía según su posición en la palabra. Una letra se escribe distinta si es a principio de palabra, en medio, al final o aislada. Por consiguiente, un mismo sonido fonético se escribe de cuatro formas distintas y un alfabeto de 28 letras acaba teniendo más de 100.

El problema de las escrituras que utilizan alfabetos es que, de forma general, el número de signos es inferior al número de sonidos empleados para hablar. En castellano, el sonido «no» debe escribirse asociando dos letras, la «n» y la «o» que, individualmente no tienen ninguna relación con el sonido que se produce combinándolas. Eso está añadiendo un grado de complejidad que requiere de una etapa suplementaria en el aprendizaje de la lectura y, por lo tanto, resulta una fuente extra de errores. Al revés también pasa, es decir, que un mismo sonido del lenguaje oral se escriba de diferentes maneras: eso es la ortografía y cada idioma utiliza su propio sistema ortográfico que no se parece en nada a otros sistemas ortográficos de las demás lenguas que emplean el alfabeto latino. Según la evolución de la lengua, el origen de las palabras y los préstamos de otras lenguas, el sistema ortográfico modificará la simple correspondencia de «un sonido-una letra». En castellano esta correspondencia es muy fácil porque se escribe lo mismo que se pronuncia, pero es una excepción. En francés, por ejemplo, la lectoescritura resulta particularmente difícil: el simple sonido «o» puede escribirse de 29 maneras diferentes, como se indica en la tabla 2.1.

En total, los 35 sonidos, llamados fonemas, utilizados en la lengua francesa, requieren de 190 grafemas, es decir, formas de ser escritos. Algunas personas consideran el francés, y también el inglés, como una lengua opaca, por todo lo que separa la lengua escrita de la hablada, que complica mucho la lectura. Por el contrario, el castellano se considera una lengua transparente, porque escribe lo mismo que se dice, y cuenta con 24 fonemas y 27 grafemas.

Algunas letras pueden ser modificadas mediante signos especiales que cambian su pronunciación. Hay tildes graves y agudas, circunflejos, diéresis y demás signos diacríticos que suelen afectar a las vocales y a alguna consonante. En castellano tenemos la «ñ», que modifica la letra «n» para cambiar su pronunciación. La lengua inglesa carece de tildes en su lenguaje escrito.

TABLA 2.1

Las 29 maneras de escribir el sonido «o» en francés

1	o	une r**o**se	15	aud	un crap**aud**
2	ô	un d**ô**me	16	auds	des crap**auds**
3	oc	un cr**oc**	17	aut	un déf**aut**
4	ocs	des cr**ocs**	18	auts	des déf**auts**
5	oh	**oh**!	19	aux	des chev**aux**
6	oo	un z**oo**	20	eau	un chap**eau**
7	op	un gal**op**	21	eaux	de s**eaux**
8	ops	des gal**ops**	22	eot	un cag**eot**
9	os	le rep**os**	23	eots	des cag**eots**
10	ot	un haric**ot**	24	hau	**hau**te
11	ots	des haric**ots**	25	haut	**haut**
12	ôt	t**ôt**	26	hauts	**hauts**
12	oth	wisig**oth**	27	heau	un **heau**me
14	au	une f**au**te	28	ho	**ho**!
			29	hô	un **hô**te

NOTA: Aquí aparecen sólo palabras (se omiten los nombres propios) en las que se pronuncia el sonido [o] cerrado, en oposición al sonido [o] abierto, como en la palabra «*pomme*».

En el caso del alfabeto árabe, también se añaden signos a las letras básicas. Tienen dos formas: los puntos diacríticos y los signos. Los diacríticos sirven para diferenciar grupos consonánticos que pertenecen a la misma grafía (la misma forma) y que equivalen a vocales. Pueden colocarse por encima o por debajo de las consonantes y su número varía de una consonante a otra. En cuanto a los signos, dan acento a la misma consonante. Cada signo corresponde a una vocal corta: «a», «u», «i», que se dice después de la consonante; así, la «B» podrá leerse «ba», «bu» o «bi». La particularidad de los signos, al menos desde el punto de vista de un usuario de alfabeto latino, es que muchas veces se omiten porque los árabes las entienden implícitamente. Lo cierto es que sólo se utilizan en los textos de gran difusión, los textos coránicos y los manuales de aprendizaje para niños.

El conocimiento de los sistemas de escritura distintos a los alfabéticos resulta útil, no sólo para comprender las diferentes estrategias empleadas por el cerebro para leer, sino para poder crear métodos que permitan tratar los problemas de lectura.

Gran parte de la humanidad utiliza un sistema logográfico, en el cual un signo escrito representa toda una palabra. Es el caso de los caracteres chinos. Se habla de pictogramas cuando el signo escrito representa un objeto; y se habla de ideogramas cuando el signo escrito representa una idea (*véase* el apartado «Leer y escribir en el tiempo» en la página 27). De hecho, la mayor parte de los signos utilizados representan una idea asociada a un objeto, razón por la cual los lingüistas hablan de escritura ideográfica y no logográfica. El enorme número de signos que deben memorizarse (por lo menos 2.000 para poder leer libros básicos y periódicos en chino) requiere de un largo aprendizaje que dura varios años. Lo que tienen de bueno los sistemas de escritura ideográficos es el acceso inmediato a la comprensión. Una imagen escrita está asociada a la imagen mental correspondiente, en cuanto el carácter es reconocido, aunque hay que tener mucha imaginación para que la visión del carácter que significa «jardín» nos recuerde remotamente a un conjunto de plantas verdes y flores de colores.

Los sistemas de escritura silábicos, como los empleados en la India y en Japón, hacen corresponder un signo a cada sílaba, es decir, a la base fonética del lenguaje, compuesta por una asociación consonante-vocal. Este código escrito es el que mejor traduce el sistema sonoro de una lengua. Cada fonema se escribe con un solo signo, de una única forma, mientras que nosotros, como ya hemos visto con el francés, por ejemplo, podemos llegar a escribir el mismo fonema [o] de 29 maneras diferentes. En castellano, sin ir más lejos, para poder escribir un solo sonido «no», necesitamos combinar dos grafemas, [n] + [o]. También cabe señalar que en todos los silabarios se necesitan caracteres especiales para anotar las vocales, que pueden ir aisladas, como «a», y algunos grupos consonánticos como «pr».

La escritura silábica utiliza un número de caracteres superior al de la escritura alfabética, generalmente, entre 50 y 100 signos, pero sigue siendo inferior a las cantidades de las escrituras ideográficas. Por tanto, su aprendizaje es más corto y requiere menos memorización. En el caso del japonés, leer y escribir resulta complicado por la coexistencia de dos silabarios, uno de los cuales –los *katakana*– se usa para la transcripción de palabras extranjeras aparecidas recientemente, y el otro –los *hiragana*– sirve para marcar las funciones gramaticales y la transcripción de ciertas palabras. Además, estos dos sistemas pueden estar asociados en una misma frase en los *kanji*, ideogramas derivados de los caracteres chinos.

Este rápido *tour* por el mundo de los sistemas de escritura nos muestra que cada uno tiene sus ventajas y sus inconvenientes. Si bien sólo se necesitan unas semanas para aprender a leer y escribir con un alfabeto, se necesitan años y años para comprender una escritura ideográfica. Sin embargo, el sentido de esta última es inmediatamente accesible, mientras que el tratamiento de una escritura alfabética requiere de muchas etapas para conseguir su plena comprensión. Las escrituras silábicas son las más cercanas a la estructura sonora de una lengua, pero necesitan de más memorización que las alfabéticas y presentan cierta rigidez en su propia evolución.

Leer y escribir en el futuro

Los cincuenta últimos años hemos visto modificarse considerablemente los medios utilizados por la gente para comunicarse. La televisión está presente en todos los hogares de Europa, América, Australia y en buena parte de Asia y África, ofreciendo una información esencialmente visual y oral, donde la imagen tiene un impacto por lo menos tan grande como el de la palabra. El cine y el vídeo ocupan ampliamente el terreno artístico y han ido reemplazando a los libros como vehículo de transmisión. La prioridad siempre se la lleva la imagen.

Al intentar proyectarse en el futuro y extrapolar una hipotética evolución, ciertas personas suponen la desaparición de la escritura: nada de periódicos, nada de libros, ninguna necesidad de aprender a leer ni a escribir. ¿El sueño de algunos?

No obstante, una nueva invención tecnológica pone fin a esas predicciones: la informática. Es cierto que hay programas de reconocimiento de la voz que permite dictar textos, cortocircuitando la tarea de la escritura. Pero no olvidemos que siempre habrá que leer el texto a dictar para verificar su exactitud y fiabilidad.

La llegada de Internet y de otras tecnologías informáticas sólo ha hecho que añadir otras formas de escritura a la tradicional. Basta con echar un vistazo a cualquier texto enviado por un adolescente a otro para comprender que la escritura es una forma de intercambio muy actual que soporta con total plasticidad evoluciones destacables. Explosión de estructuras sintácticas, desaparición de reglas ortográficas, utilización continua de pictogramas en el seno de lo que sería difícil denominar «frase», integración natural y abundante de palabras extranjeras. Las personas mayores tienen dificultad para leer este tipo de textos nuevos. «T ❤» o «4U» tienen poco que ver con las frases «Te quiero» y «For you» si nos atenemos estrictamente a la forma escrita. La rapidez para escribir el mensaje es lo que importa, así como el rápido acceso a su significación. En este marco se incluye la masiva utilización de iconos, comunes entre los internautas, que van desde la papelera de Windows a los emoticonos que permiten expresar estados emocionales que difícilmente podrían trasladarse con palabras.

Una modificación particular de la escritura, ligada al desarrollo de Internet, es la creación de dominios. Se trata de «direcciones» que permiten tener acceso a un sitio web. Están formadas por una sucesión de caracteres, a veces decenas, separados por puntos o barras oblicuas. El hecho es particularmente interesante si pensamos que casi dos millones de personas, desde españoles a chinos, utilizan Internet diariamente y los nombres de los dominios deben estar siempre en caracteres latinos sin puntuación alguna… como en el inglés. ¿Hace falta comentar el nexo existente entre la lectoescritura y el poder político y económico?

Si la llegada de los ordenadores ha modificado la forma de leer y escribir en cierta medida, no es ahí donde se ha producido el cambio fundamental. Lo que verdaderamente ha cambiado es el soporte de la escritura. En los primeros tiempos, se escribía sobre piedra, hueso, papiro, caparazones de tortuga y pergaminos. Luego llegó el papel, que permitió el desarrollo de la imprenta y la difusión de los textos escritos. Y es justamente ese binomio «lápiz y papel» lo que el ordenador ha modificado. El desarrollo de la miniaturización y la nanotecnología permite la acumulación y el almacenamiento de una gran cantidad de información en un espacio minúsculo. Es una inmensa ventaja para las bibliotecas o para los archivos hospitalarios, por ejemplo.

Pero esta tecnología presenta dos problemas que, ahora mismo, no parecen tener una solución sencilla.

La primera dificultad reside en la duración de vida de un soporte de información escrita. Hoy podemos descubrir una nueva tumba de un faraón, los jeroglíficos escritos sobre sus muros, aun teniendo 4.000 años, son directamente legibles por los egiptólogos. Las tabletas de arcilla de las primeras escrituras cuneiformes tienen más de 5.000 años y aún hoy pueden leerse. Pero los fabricantes de CD y DVD reconocen que sus soportes no pueden llegar más lejos de 50 años, con suerte… ¿Alguien ha intentado tener acceso al contenido del disco duro de un ordenador de hace 25 años? A menos que seamos profesionales de la informática, es algo imposible.

La segunda dificultad que ha generado la llegada del ordenador es la de crear un intermediario, un obstáculo, entre el texto escrito y el lector. Mirar la página de un libro da acceso inmediato a la información que está inscrita. Por mucho que miremos un CD no veremos gran cosa. Se requiere, necesariamente, de una máquina para acceder al contenido, porque el texto está escrito de forma «virtual», dado que ha sido traducido a signos numéricos. Así es que, ahora, el ojo humano necesita de un aparato para leer. La rápida evolución de las tecnologías ha supuesto una dramática disminución de la vida útil de las informaciones escritas. Si tienes un ordenador nuevo, no podrás, en modo alguno, insertarle un disco de hace 15 años porque los ordenadores actuales no llevan lector de disquetes. Pero puedes leer inmediatamente un libro del siglo XIX que te encuentres en un rincón de tu biblioteca.

Contrariamente a ciertas predicciones, los ordenadores no han hecho desaparecer la lectura. Lo cierto es que permiten el acceso a cantidades ingentes de información a través de Internet y han reforzado la necesidad de dominar adecuadamente las herramientas para saber leer. Este aspecto será desarrollado detalladamente en el siguiente capítulo.

Capítulo 3

Se lee con todo el cuerpo

Si le preguntamos a alguien con qué lee, la respuesta será instantánea: «¡Con los ojos!»: Unos pocos se tomarán un momento de reflexión y añadirán: «Y con el cerebro». Pero nadie responderá en ningún caso: «Con los oídos» o «Con la mano». Y no estamos hablando de lectura en voz alta ni de leer Braille (sistema de notación del lenguaje para los invidentes).

Sin embargo, el dominio de la lectura requiere de la adecuada utilización de diversos órganos, así como el desarrollo de funciones que parecen, *a priori*, ajenas a la acción misma de leer.

Los ojos, la visión y la lectura

La visión es indisociable de la acción de leer, pero su implicación en el aprendizaje de la lectura empieza mucho antes de que se tenga un libro en las manos. De hecho, el ojo se prepara para leer desde que se abre y empieza a transmitir información al cerebro, haciendo participar al lóbulo occipital, que es la parte posterior del cerebro que permite la percepción visual.

Una buena agudeza visual es necesaria para distinguir formas que no son muy distintas, como pasa con las letras; es lo que ocurre con la «b» y la «h», con la «c» y la «o», con la «i» y la «l», por ejemplo. El aprendizaje de la lectura en casos particulares de ceguera congénita o adquirida no será tratado aquí porque ésta es una obra sobre la dislexia y la ceguera queda excluida del tema. El descubrimiento precoz de problemas visuales, como la miopía, y su adecuada compensación con gafas apropiadas, ayuda a los niños a que el aprendizaje de la lectura no se vea perturbado. Esta evaluación, y corrección en caso necesario, deberían tener lugar antes de la escolarización, porque se evitarán retrasos en la adquisición de los primeros estadios del reconocimiento de las letras.

Pero el ojo tiene un papel más fundamental en la preparación del cerebro para la lectura: permite la formación de «columnas de orientación» en el córtex cerebral. Para comprender bien esta noción esencial para el proceso de lectura, vamos a analizar brevemente cómo funcionan las vías visuales, es decir, el conjunto de estructuras que llevan una imagen captada en el exterior hasta su percepción por el cerebro.

Las vías visuales

La parte interna de los globos oculares está recubierta por la retina, especie de pantalla donde se proyecta la primera imagen del objeto que se ve. De las células que la constituyen, conos y bastones, parten fibras nerviosas que forman los nervios ópticos derecho e izquierdo. Más o menos cerca de la base del cerebro, los dos nervios ópticos se unen para formar el quiasma óptico, donde una parte de las fibras cruza la línea media antes de llegar al córtex derecho o izquierdo, tras pasar por una pequeña estructura llamada cuerpo geniculado lateral. El resultado es que el hemisferio izquierdo recibe la información que proviene de la mitad izquierda de la retina de ambos ojos, y allí se forma la imagen de lo que está situado en la mitad derecha del campo visual. El hemisferio derecho recibe la información que proviene de la mitad derecha de las retinas de ambos ojos y del hemicampo visual izquierdo. El funcionamiento simultáneo de ambos ojos permite la visión binocular, que es el fundamento de nuestra percepción de los relieves y las distancias.

Más importante aún para la visión es que el córtex cerebral occipital se organiza y se vuelve apto para leer. La primera demostración de esto se remonta a principios de los años setenta, cuando dos investigadores criaron a dos gatitos en un entorno únicamente constituido por rayas verticales negras y blancas. Una vez adultos, los gatos fueron incapaces de desplazarse en un entorno donde la referencia eran rayas horizontales. Ésta es una de las numerosas experiencias de privación sensorial que demuestran que el desarrollo del cerebro está directamente regido por las experiencias sensoriales (en este caso visuales) a las que el individuo está sometido.

El resultado de una visión normal es una estructura particular del córtex occipital formada por la yuxtaposición de columnas de orientación, entidades verticales cuyas células sólo reaccionan ante líneas que adoptan una solo orientación, de la vertical a la horizontal pasando por todos los grados de inclinación hasta cubrir los 180°. Es entonces cuando podemos diferenciar una «A» de una «V», podemos leer una «N» o una «T». A las columnas de orientación se añaden las columnas de dominancia, la cual prioriza la información recibida por el ojo derecho, el ojo izquierdo o ambos al mismo tiempo, así como las columnas de color.

Más adelante, entre el lóbulo occipital y el temporal, se encuentran zonas que analizan las formas más complejas que nuestro cerebro ha aprendido a reconocer simplemente observando su entorno, como por ejemplo las curvas. Los investigadores han establecido un nexo estadístico entre la forma de las letras y la frecuencia de las imágenes y las configuraciones naturales que ellos denominan «protoletras». Nuestro cerebro reconoce el contorno circular de una pelota y, por eso, más tarde, la relacionará con la letra «o», por ejemplo. Parecería pues completamente eficaz pasear al niño de 18 meses en entornos de lo más variado para que vaya relacionando las formas del mundo cuando, más tarde, se inicie en el aprendizaje de la lectoescritura, como sucede en algunos grupos que pretender crear «superlectores» en Estados Unidos.

Los movimientos oculares

Leer requiere mover los ojos porque la mirada debe recorrer un objeto inmóvil. Los globos oculares están rodeados de músculos que aseguran sus movimientos en el interior de las órbitas. Dichos desplazamientos están dirigidos por el cerebro, que transmite sus órdenes mediante tres pares de nervios llamados nervios motores oculares externos. Los principales centros de dirección de movimientos oculares están ubicados en el córtex cerebral. Uno se sitúa en el lóbulo frontal de ambos hemisferios, cerca del área 8 de Brodmann (*véase* figura 1.3) y es responsable de los movimientos oculares voluntarios, es decir, los que hacemos conscientemente. Otros centros están situados en el córtex occipito-parietal y son los responsables de los movimientos oculares que permiten la fijación de la mirada sobre un objeto, llevando la imagen para proyectarla en una región particular de la retina que se llama fóvea. Esta región contiene la mayor densidad de células receptoras que permite la formación de la imagen, lo más limpia y precisa posible. Facilitan también los ajustes durante una persecución ocular, es decir, cuando los ojos hacen un barrido de imagen.

Estos dos tipos de centros de mando están anatómicamente conectados a otras estructuras con las cuales interactúan. Sus nexos con determinadas zonas del córtex temporal reciben sonidos que explican por qué nos giramos espontáneamente buscando con los ojos el origen del ruido repentino. Las estructuras responsables de la percepción del movimiento, el laberinto y las vías vestibulares también están relacionadas con las áreas que controlan los movimientos oculares, lo que permite la adaptación de los ojos a los cambios de posición de la cabeza para poder mantener una visión adecuada sea cual sea la postura. Este ajuste es, sin embargo, imperfecto: es complicado leer con la cabeza colgando y los ojos perpendiculares a las líneas escritas.

El conjunto de centros está coordinado por una estructura llamada fascículo longitudinal posterior o dorsal, que asegura la transmisión de una orden clara a los nervios que dirigen los movimientos oculares.

Resultan dos tipos de movimientos, definidos a partir de la posición primaria de la mirada, es decir, cuando los ojos miran a un punto situado en el horizonte, con la cabeza y el cuerpo rectos. Si se conserva el paralelismo de los ejes visuales, ambos ojos miran en la misma dirección y pueden desplazarse horizontalmente, a derecha e izquierda, o verticalmente, hacia arriba y abajo. Si no es el caso, los ojos se desplazan en direcciones contrarias y los ejes no se mantienen paralelos. En ese caso se producen movimientos de divergencia (el ojo derecho enfoca hacia la derecha y el izquierdo, hacia la izquierda) o de convergencia (ambos ojos se dirigen al mismo punto). Este movimiento de convergencia es el que se emplea durante la lectura.

Además de los movimientos que afectan a los globos oculares, hay movimientos en el interior mismo del ojo que favorecen los ajustes precisos de la visión gracias a pequeños músculos que modifican el diámetro de la pupila y la forma del cristalino. La dimensión de la pupila está determinada en función del grado de luminosidad ambiental, lo que permite evitar una sobreexposición de la retina, que alteraría la precisión de la imagen, como es el caso de una foto sobreexpuesta. Los cambios de forma del cristalino, que es una especie de lentilla biconvexa, situada detrás del iris, hacen posible el fenómeno de la acomodación. Ésta consiste en la capacidad del ojo para captar una imagen y poder verla con la misma limpieza sea cual sea la distancia a la que se encuentren.

El ojo y la lectura

La lectura requiere la visión y en los movimientos oculares están implicados múltiples procesos:

- Convergencia y fijación sobre la palabra a leer.
- Acomodación para una percepción limpia de la escritura.
- Barrido horizontal de la línea a leer.
- Desplazamientos verticales para pasar de una línea a otra.

El barrido visual durante la actividad de la lectura normal es muy particular. Se compone de una sucesión de fijaciones y desplazamientos rápidos denominados sácadas o sacudidas. La fijación ayuda al ojo a transmitir al cerebro la imagen de una o varias palabras (en general entre cinco y nueve letras en total). Las sácadas son desplazamientos muy rápidos que permiten pasar a la fijación siguiente, durante los cuales la imagen es falsa. Los recientes métodos de exploración del cerebro en situación de lectura han permitido a los investigadores describir la sucesión temporal de los acontecimientos que acompañan a la misma. La figura 3.1 es una representación esquemática cuyo objetivo es demostrar que leer no es un proceso instantáneo y que numerosas funciones y regiones cerebrales intervienen sucesivamente en un lapso muy corto de tiempo.

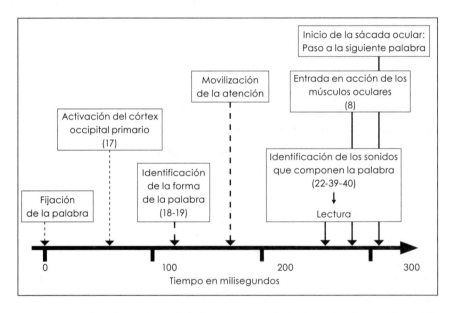

Las cifras entre paréntesis son las áreas de Brodmann implicadas (figura 1.3).
Adaptada por Posner y Abdullaev (1996). La Recherche:
«Dévoiler la dynamique de la lecture», 289 (11), 66-69.

Figura 3.1
Trescientos milisegundos para leer y comprender una palabra.
© E. Pannetier 2009

Esta ilustración introduce también la noción de «sonidos» que componen la palabra. En efecto, antes de pasar a la lectura de la siguiente palabra, el cerebro debe completar la identificación de la palabra existente asociando su forma a su fonología. Hay que unirlo a un repertorio de sonidos constituidos gracias a otro sentido: la audición.

El oído, el reconocimiento de los sonidos y la constitución de un repertorio sonoro

Hay que aprender a hablar antes de aprender a leer. Lo que parece una perogrullada tiene, en realidad, una sólida base teórica. En efecto, ver escrita la palabra «jardín» no tiene ninguna significación por sí mismo. Para poder leer, hay que asociar letras o conjuntos de letras a sonidos, de lo contrario la palabra «jardín» sería sólo un dibujo de formas raras y abstractas, sin pronunciación ni significado.

Las vías auditivas

La adquisición de los sonidos y su valor, en tanto que elementos de comunicación, se produce progresivamente y eso desde el nacimiento. Utiliza uno de nuestros cinco sentidos, la audición; el oído humano permite la transformación de ondas sonoras en impulsos eléctricos que pueden ser interpretados por el cerebro. Las vías auditivas aseguran el camino de los sonidos desde la oreja hasta el cerebro. El pabellón dirige los sonidos hacia el conducto auditivo externo, hasta una membrana, el tímpano, que vibra como la piel de un tambor, cuando le llegan ondas sonoras. Apoyándose sobre el tímpano, los huesecillos amplifican y transmiten dichas vibraciones a la cóclea, un órgano pequeñito lleno de líquido; éste se desplaza del mismo modo que cuando tiramos una piedra al agua. Estos movimientos agitan las vellosidades de las células que forman la pared coclear y provocan la estimulación de los axones que están en contacto; éstos forman parte del nervio auditivo. Diversas neuronas aseguran la transferencia del mensaje hasta el córtex cerebral, concretamente a la altura del giro de Heschl, en el lóbulo temporal (áreas 41 y 42 de Brodmann).

El reconocimiento de los sonidos del lenguaje

Veamos cómo se desarrolla el reconocimiento de los sonidos del lenguaje. El recién nacido, que no sabe en qué medio lingüístico ha nacido, tiene la capacidad de reaccionar a los sonidos de todas las lenguas del mundo. Sabe diferenciar la voz humana del resto de ruidos ambientales, como el agua de un grifo abierto o el sonido del lavaplatos. ¿Cómo lo sabemos? Gracias a las experiencias realizadas con bebés, en los que se observa una aceleración en la succión cuando oyen una voz humana, lo cual no ocurre con otros sonidos. Patricia Kuhl dice, muy gráficamente, que los bebés son todos «ciudadanos del mundo» cuando nacen, con la capacidad de aprender cualquier lengua.

Pero esa circunstancia no dura mucho. A partir de los 6 meses, el bebé sólo atiende a los sonidos que componen el lenguaje que lo rodea habitualmente. Por ejemplo, reacciona a los sonidos y fonemas característicos del francés pero no a los fonemas chinos o árabes. ¿Qué ha pasado en su cerebro? Se trata del mismo fenómeno del que ya hablamos, en relación a la visión, en los gatitos sometidos a un solo tipo de estímulo visual (líneas verticales): el cerebro se va modelando con las experiencias sensoriales que recibe. En el caso de los sonidos que componen la lengua materna del bebé, el cerebro va desarrollando circuitos neuronales que le permiten reaccionar a los sonidos que oye habitualmente. Sin reconocer dichos sonidos, sin comprender su significación, selecciona los que se repiten más frecuentemente para tratarlos de una forma eficaz y guardarlos en su memoria, como si pensara: «Ese sonido se repite mucho, debe de ser importante, hay que recordarlo».

Como vimos en el córtex occipital, las columnas de orientación, color, dominancia y desplazamiento, en la zona de recepción de sonidos, llamada giro de Heschl, se constituyen en columnas de células que tratan específicamente cada una de las características acústicas de un sonido: su frecuencia (aguda o grave), su intensidad (fuerte o débil) y su duración (larga o corta). En el caso del lenguaje, se añade una cuarta característica: la rapidez de cambio de frecuencia. El resultado es una clasificación de sonidos representada en el plano anatómico, en el cerebro. Si la mayoría de los sonidos que nos rodean no necesitan más análisis que las tres primeras características acústicas que hemos apuntado, el caso del lenguaje es distinto.

En efecto, el lenguaje hablado es una sucesión de cambios acústicos rápidos que deben ser captados, codificados y reconocidos. Los sonidos «ba» y «bo» tienen en común la [b], que se pronuncia cerrando los labios, y luego una [a], que se pronuncia abriendo bien la boca, o una [o], que se obtiene cerrando un poco la boca y proyectando los labios. La tecnología utilizada en audiología demuestra que el sonido [b] dura treinta milisegundos. Si cambiamos la [b] por la [p], como para decir «par», en lugar de «bar», el cerebro sólo dispone de 30 a 40 milisegundos para diferenciar las dos palabras.

El desarrollo de la conciencia fonológica

La conciencia fonológica es lo que permite al cerebro analizar correctamente una palabra, luego una frase entera. Permite decir que, si quitamos el sonido [m] a la palabra «maza» nos queda [aza] y que lo mismo pasa si quitamos la [r] a la palabra «raza». Gracias a la conciencia fonológica podemos hacer rimar amor con calor o mañana con banana, aunque la escritura de dichas palabras sea diferente. La conciencia fonológica está en la base del desarrollo del lenguaje y, después, de la lectura. El bebé de 8 meses oye cómo su madre, su abuela, su niñera le repiten: «Di papá… papá» y, a fuerza de repeticiones, comprende que esa palabra está formada por una sucesión de [p][a][p][a]. Tras numerosos ensayos para poner los labios como corresponde, acaba reproduciendo los sonidos precisos porque su cerebro los ha analizado; entonces empieza a repetir «papapapapapa», porque la primera etapa del desarrollo de la palabra es la simple reproducción de los sonidos del lenguaje. En un segundo momento, el «papapapapa» se convierte en un «papa» gracias al refuerzo afectivo que le procura la enorme sonrisa de su madre, cuando pronuncia la palabra bien. Cabe señalar que el bebé no tiene por qué haber adquirido el significado de la palabra que pronuncia, durante un corto período de tiempo, dirá «papa» sin referirse necesariamente a su padre.

Más allá de su papel en el desarrollo del lenguaje, la conciencia fonológica es una etapa indispensable para la adquisición de la lectura. Ya no se trata de establecer una correspondencia entre un sonido y una actividad motriz que permita al bebé reproducirlo mediante el adecuado uso de la respiración, la laringe, la lengua y los labios. Hay que casar un sonido con una letra o con un grupo de letras. Para leer la palabra «papa», debe asociarse, forzosamente, el dibujo de la «p» con el sonido [p], y el dibujo de la «a» con el sonido [a], diferenciando claramente los sonidos próximos, esto es, leer «papa» y no «baba». El niño debe aprender a asociar el conjunto de sonidos del lenguaje, almacenados en los cuatro o cinco primeros años de su vida, a los signos escritos que son las letras. Para que dicha correspondencia sea adecuada, el repertorio de sonidos debe ser lo más completo posible y la conciencia fonológica debe ser la adecuada.

Dado que estos dos elementos son indispensables para el desarrollo del lenguaje hablado, sería tentador establecer un nexo entre los problemas de desarrollo del lenguaje y la dificultad para la adquisición de la lectura. Pero no es así. En algunos casos puede coincidir pero no suelen estar asociados ambos problemas. Hablar no obliga a una gran precisión en cuanto al conocimiento de los sonidos, como lo demuestra el hecho de que podemos comprender los sonidos de la misma lengua aun con los diferentes acentos regionales. Los errores de pronunciación que tienen algunos niños de 3 o 4 años, como decir «camamelo» en lugar de «caramelo», no sólo no se consideran importantes sino que nos suenan adorables. Las ligeras anomalías en el desarrollo del lenguaje pueden pasar totalmente desapercibidas. Pero leer y escribir requieren de la manipulación de un rígido código que no tolera imprecisiones. Necesita que el cerebro haya construido, previamente, un repertorio exacto de los sonidos del lenguaje y su organización en el interior de las palabras y las frases, para poder asociarlos correctamente a formas abstractas como son las letras.

La mano, la lateralidad y la lectura

Puede parecer sorprendente que se diga que la mano permite leer correctamente, porque para la mayoría de la gente, la mano está relacionada con actividades de manipulación.

Leer con las manos

Todos recordamos haber seguido las primeras líneas con el dedo índice, llenos de orgullo. Esta utilización de la coordinación ojo-mano facilita los movimientos de seguimiento ocular y de barrido del texto, evitando errores como los saltos de línea. En efecto, desde la edad de 6 meses, los ojos se acostumbran a seguir los movimientos de la mano, sobre todo de la mano dominante (la derecha en los diestros), para aumentar la precisión de los gestos. Al principio del aprendizaje de la lectura, los papeles se invierten y es la mano la que guía al ojo en sus desplazamientos extremadamente precisos y necesarios para el proceso lector.

No obstante, el papel de la mano va mucho más allá de ser una simple guía. La mano dominante, la que escribe, participa de la memorización de la forma de las letras y, por tanto, de su reconocimiento, indispensable para poder leer. La memoria sensomotriz es una capacidad particular que tiene el cerebro para recordar gestos, secuencias de movimientos que lo componen y las sensaciones que se le asocian. Antes de poder recopilar datos a través de las imágenes médicas, la primera mujer médico de Italia, Maria Montessori, se dio cuenta de las ventajas que se podían sacar para facilitar el aprendizaje de la lectura. Trabajando, a principios del siglo XX, con niños que tenían dificultades intelectuales, elaboró un método de enseñanza adaptado que utilizaba, en particular, las percepciones táctiles y la motricidad gracias a un material pedagógico especial. Sus «letras rugosas» estaban hechas de papel de lija pegado en planchas de madera. Cada niño debía tocar la letra rugosa al tiempo que la nombraba, memorizando así la forma de la letra mediante el gesto y la sensación, al mismo tiempo que el lenguaje. Cabe señalar que las escuelas Montessori, que existen aún en la actualidad en numerosos países, aplican estos principios básicos a niños normalmente inteligentes.

Otra prueba del rol de la mano en el aprendizaje de la lectura viene de Japón. En el capítulo 2 hemos visto que la escritura japonesa utiliza *kanji*, derivados de los caracteres chinos. Se trata de ideogramas difíciles de dibujar cuya memorización requiere de años. Están formados por una sucesión de trazos que deben ser ejecutados en un orden concreto. Pero los japoneses no se los aprenden a base de mirarlos, sino que los dibujan continuamente en papel o los van trazando con los dedos en cualquier superficie, incluso en el aire. Esta memoria gestual está tan anclada en su funcionamiento cerebral que, cuando un japonés adulto tiene dificultad para leer un *kanji* complejo o raro, hace como si lo escribiera en el aire con un dedo (esta acción se llama *kusho*); el gesto le permite acceder al sentido y entonces puede leer. Este procedimiento que a nosotros puede parecernos raro, deja de sorprendernos si pensamos en la estrategia que casi todos utilizamos para recordar un número de teléfono: nadie se aprende una sucesión de números individuales, lo hacemos por grupos, de manera que si se nos olvida una parte, dejamos la mano libre sobre el teclado del teléfono y nos sale el número automáticamente.

Las letras rugosas y el *kusho* encuentran su explicación en los recientes descubrimientos obtenidos gracias a las imágenes médicas, particularmente la resonancia magnética funcional (IRMf). Éstas demuestran que, en un lector adulto normal, al que se le pide que lea letras, no sólo se le activan las áreas visuales sino las que dirigen los movimientos de la mano con la que escribe. Y eso se produce en ausencia de tareas escritoras y de movimientos de la mano. Por lo tanto, podemos decir que no sólo leemos con los ojos sino que también leemos con la mano, precisamente con la dominante.

Manualidad y lenguaje

La manualidad, diestra o zurda, define cuál es la mano dominante: en la mayoría de individuos, la misma mano que se usa para escribir es la más apta para efectuar tareas tanto de fuerza como de precisión. En los diestros, los movimientos están dirigidos por un área motriz situada en el lóbulo frontal izquierdo, cercana al área de Broca, que controla la palabra, expresión motriz del lenguaje. Las conexiones entre las dos son fáciles, rápidas y eficaces. Sin embargo, sólo el 30 % de los zurdos tienen los centros del lenguaje situados en el hemisferio derecho, cerca del centro de dirección motor de la mano que escribe. El 70 % restante, lo tienen en el hemisferio izquierdo, como los diestros. Entonces, el camino que une el centro del lenguaje con la mano es largo y, por tanto, hay más fuentes de error; luego veremos la importancia de esta situación tan particular en el ámbito de la dislexia.

Formar letras escribiéndolas parece indispensable para leer. ¿Quiere eso decir que no se podría aprender a leer utilizando un ordenador? Pues en parte parece que sí. Cuando se utiliza un teclado para escribir, el gesto para inscribir cualquier letra en la pantalla es siempre el mismo. Teclear sobre una «a» o sobre una «t» es lo mismo para la mano. Un neurocientífico francés, Jean-Luc Velay, demostró con un niño de 4-5 años que el aprendizaje exclusivo de las letras con un ordenador comportaba dificultades persistentes para su reconocimiento. Una experiencia del mismo tipo se realizó con adultos a los que se les pidió que aprendieran letras de un alfabeto diferente (caracteres bengalíes). Los que sólo utilizaron un teclado tuvieron muchas más dificultades para diferenciar una letra y su imagen en espejo. Escribir las letras cuando se aprende permite percibir mejor su orientación espacial… ¡y evitar confundir una «b» con una «d»!

El cerebro, la integración del mundo exterior y la lectura

Las vías visuales transmiten la imagen de las palabras hasta las áreas visuales del lóbulo occipital. Las vías auditivas llevan los fonemas, los sonidos que componen la lengua hablada, hasta las áreas auditivas del lóbulo temporal. Las áreas frontales comandan los movimientos efectuados por la mano dominante para trazar las letras. Si bien todas estas informaciones son indispensables para leer, el cerebro no se contenta con memorizarlas: debe unificarlas y unir todas las informaciones en una sola para que la lectura pueda tener lugar.

El papel de la integración

En el acto de leer, como en todos los otros ámbitos, el cerebro juega un papel preciso: integrar la representación del mundo exterior. La figura 3.2 muestra las diferentes funciones y estructuras cerebrales implicadas. Percibimos el mundo exterior con los ojos, los oídos, el tacto y las estructuras sensitivas que nos indican la posición de nuestro cuerpo y sus diferentes elementos. Estas informaciones se analizan en áreas de asociación específicas que las comparan con informaciones del mismo tipo, recibidas anteriormente. Se encargan de la integración de los diversos datos. Luego, otras zonas del córtex cerebral relacionan toda la información que proviene de las diferentes fuentes, por ejemplo, una palabra escuchada con su significado. Permiten comprender la información recibida. El cerebelo parece tener un papel fundamental en la organización de datos.

Finalmente, estos nexos básicos se ven influidos por tres funciones que modulan la representación del mundo para construir una experiencia única en cada individuo: la atención, la memoria y las emociones.

La atención

La atención puede definirse como el aumento del funcionamiento cerebral, espontáneo o voluntario, que lleva a la conciencia objetos o hechos que, de otro modo, estarían ausentes del pensamiento y no ocuparían el menor espacio. Expresado de otro modo, es lo que nos permite darnos cuenta de lo que pasa a nuestro alrededor. Numerosas teorías se han propuesto por los neuropsicólogos, con el fin de explicar cómo funciona la atención. Resumiendo, se puede decir que se compone de dos elementos principales, la vigilancia (*alertness* en inglés) y la atención selectiva.

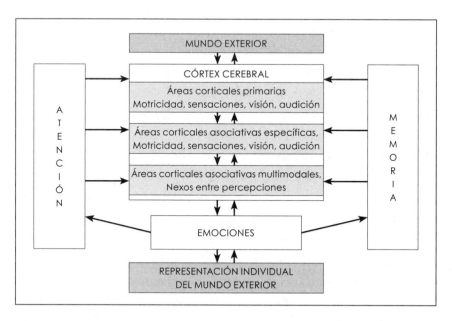

Figura 3.2
Representación individual del mundo exterior. © E. Pannetier 2009

La vigilancia comporta dos estados: la vigilia y la atención sostenida. La vigilia corresponde a la activación mínima del conjunto del córtex cerebral, y se opone al sueño. Esta activación tiene su origen en la sustancia reticular del tronco cerebral, cuyas neuronas envían proyecciones al conjunto del córtex. El estado de vigilia sufre variaciones involuntarias a lo largo del día, influenciadas por la vida vegetativa interna: variaciones hormonales, digestión, cambios de temperatura del cuerpo… En la mayoría de los individuos, el estado de vigilia aumenta progresivamente durante la mañana hasta llegar a la tarde, cuando empieza a descender (sobre todo después de la comida), para volver a aumentar a media tarde e ir disminuyendo después de la cena, ya por la noche.

Pero hay variaciones de una persona a otra, de manera que hay gente que se siente en plena forma por la mañana, mientras que otras personas se sienten frescas por la noche, tarde. Unidos a estas lentas variaciones, se producen cambios voluntarios prolongados (desde decenas de minutos a horas), que crean lo que se denomina atención sostenida. Se trata del aumento voluntario de la vigilancia, a menudo aprendida, que nos permite detectar pequeños cambios en el entorno o acontecimientos imprevistos. Eso es lo que pasa cuando conducimos un coche, por ejemplo, momento en que la atención sostenida nos permite reaccionar inmediatamente a los cambios de la circulación. Cabe señalar que la vigilancia tiende a disminuir con tareas repetitivas, y tiende a aumentar con elementos emotivos, como el miedo. La atención sostenida está controlada por diferentes zonas del córtex, en particular el córtex prefrontal dorso-lateral (área 9 de Brodmann, figura 1.3).

En cuanto a la atención selectiva, es la capacidad para seleccionar la información y retener sólo la que se considera pertinente. Está esencialmente gestionada por una región del córtex que se encuentra en la cara interna de los dos lóbulos frontales y que lleva el nombre de córtex cingular anterior (áreas 32 y 33 de Brodmann). Si un solo tipo de información tiene prioridad, y se ignora las demás, se llama atención selectiva dirigida. Requiere de un filtro activo en función del tipo de percepción. Es el caso de la atención visoespacial, que hace que sea posible, por ejemplo, el seguimiento del desplazamiento de un coche sin prestar atención al paisaje que lo rodea. En el caso de la lectura, la atención visoespacial permite seguir con los ojos la línea de un texto escrito, ignorando las demás líneas. Se añade un fenómeno particular, la liberación: la atención que se fija sobre una palabra debe liberarse para pasar a fijarse en la palabra siguiente. La percepción auditiva también está sometida al fenómeno de la atención selectiva dirigida. Se ve influenciada por factores que pueden ser innatos (mejor atención a los timbres de voz femeninos, o que el oído que percibe sea el dominante) o adquiridos (el sistema fonético, por ejemplo, que nos hace más fácil la percepción de una conversación en nuestra lengua materna). En el ámbito de la atención selectiva dirigida, el cerebro puede tratar simultáneamente varias fuentes de información, a condición que no pasen por las mismas modalidades sensoriales. Así, un estudiante puede tomar apuntes al mismo tiempo que escucha al profesor; generalmente, es muy difícil seguir dos conversaciones al mismo tiempo de manera eficaz.

La lectura requiere procesos atencionales tanto durante la fase de aprendizaje como cuando se ha convertido ya en operacional. La experiencia individual nos enseña que leer cuando se está cansado o inmediatamente después de comer no es productivo, así que los estudiantes, por ejemplo, tiran del café u otros estimulantes para aumentar sus niveles de atención y la eficacia de las lecturas, en épocas de exámenes. En esa circunstancia concreta, también se ve implicada la memoria.

La memoria

Un cerebro sin memoria, en el más amplio sentido del término, sería totalmente inútil; tendría que reaprenderlo todo cada vez, en cada instante: a andar, hablar, contar, orientarse en casa, reconocer la cara de los padres… La memoria se define como la capacidad cerebral para conservar información y darnos acceso a ella. Puede tratarse de conocimientos generales o de adquisiciones personales denominadas datos autobiográficos.

Si para Jean Piaget, psicólogo y biólogo suizo, la auténtica memoria no aparece hasta los 2 años de edad, con el desarrollo del lenguaje, las recientes investigaciones parecen demostrar que se forma bastante antes, hacia los 6 meses, cuando el bebé ya es capaz de recordar informaciones visuales. Esta forma de memoria sensorial, que precede a la misma aparición del lenguaje, sería la responsable del desarrollo de habilidades como la marcha. De hecho, la memoria operacional puede ser descompuesta en subunidades que trabajan juntas, como se representa en la figura 3.3.

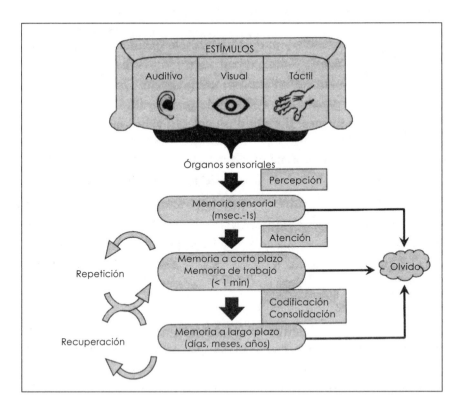

Figura 3.3
De la sensación a la memoria (De http://lecervau.mcgill.ca). © E. Pannetier 2009

Recordar un episodio requiere de varias condiciones: estar atento, estar motivado, ser capaz de asociarlo a otros. La atención permite llevar el episodio a un nivel consciente y todos sabemos que es más fácil recordar cosas o personas que nos interesan; un niño puede no ser capaz de memorizar las tablas de multiplicar, pero no tiene el menor problema para recordar las estadísticas de su equipo de fútbol. Así que la memoria depende mucho del contexto en el que tenga que actuar: todo el mundo se acuerda del primer paso del hombre en la Luna, el 20 de julio de 1969, o de los atentados terroristas de Nueva York el 11 de septiembre de 2001. Lo cierto es que la memoria es mucho más eficaz en situaciones de estrés, cuando el organismo produce un neurotransmisor llamado noradrenalina; esta hormona favorece el aprendizaje y la cognición. La memoria sensorial visual y auditiva, utilizadas en el proceso de aprendizaje de las bases del lenguaje, es de corta duración: menos de un segundo. Durante la lectura, se utilizan esencialmente la memoria a corto plazo y la memoria a largo plazo.

La memoria a corto plazo da lugar a la restitución inmediata de datos que han sido registrados en el minuto precedente; gracias a ella podemos repetir series de cifras que constituyen un número de teléfono, por ejemplo. Pero la memoria a corto plazo presenta una vertiente mucho más interesante, que es la memoria de trabajo. Se emplea tantas veces como sea necesario para efectuar tareas como leer, escribir o calcular. Permite la manipulación de datos que el cerebro acaba de recibir y su utilización en una tarea precisa. Uno de los ejemplos más evocadores es la conducción de un coche, que requiere de una serie de tareas complejas que podemos efectuar sin analizarlas cada vez.

El papel de la memoria de trabajo en el proceso de lectura es fundamental, como se ve en la figura 3.4. Ahí se construye el bucle fonológico utilizado durante la lectura y la escritura, que se desarrolla desde la aparición del lenguaje, hacia los 2 o 3 años. Está reforzada por el bucle articulatorio, que hace posible la autorrepetición y la repetición subvocal de las palabras («hablarse a uno mismo»); esta última se desarrolla hacia los 7 años y aumenta la eficacia del bucle fonológico. Las zonas cerebrales implicadas son el área de Broca y el córtex prefrontal izquierdo. Dicho sistema de gestión de los sonidos está asociado a un repertorio de formas. Se trata de un cuaderno visoespacial que permite registrar las informaciones visuales y buscarlas luego, sobre todo la forma de las letras y de las palabras. Se sitúa a nivel de las áreas parieto-frontales derechas. La asociación del bucle fonológico con el cuaderno visoespacial, controlado por las estructuras del córtex prefrontal dorso-lateral, permite la lectura (y la escritura). Cuanto más se automatiza el tratamiento de la información –como pasa cuando la lectura se vuelve funcional–, más espacio se libera en la memoria de trabajo; el cerebro puede entonces recordar lo que acaba de leer, es decir, adquirir nuevas informaciones.

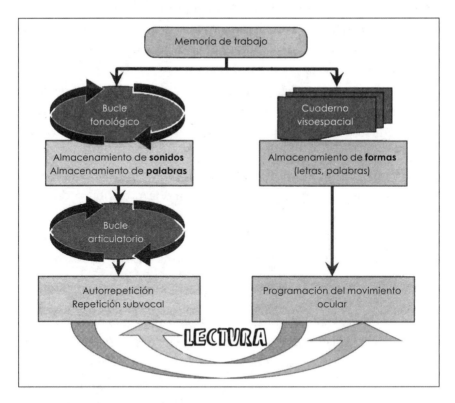

Figura 3.4
Memoria de trabajo y lectura. © E. Pannetier 2009

Los datos tratados por la memoria a corto plazo deben ser codificados para poder ser conservados. Un conjunto de estructuras cerebrales, que forman el circuito de Papez, permite almacenar recuerdos y forma la memoria a largo plazo. Esto es fundamental en el proceso de aprendizaje. La figura 3.5 resume los diferentes componentes.

La lectura entraña la movilización de la memoria explícita semántica; el objetivo de leer es, en efecto, la adquisición de información, ya sean de orden escolar (estudiar la historia de España) o artística (leer un poema o una novela). La codificación permite dar sentido a las informaciones retenidas y organizarlas. El almacenamiento da lugar a la consolidación de los recuerdos y los hace difíciles de olvidar, relacionándolos unos con otros. Los hechos antiguos son más complicados de recordar que los recientes, porque estos últimos están conectados a muchas informaciones. Eso explica que, en ciertas patologías, como en la enfermedad de Alzheimer o en los procesos normales de envejecimiento, sea más sencillo acordarse de lo que pasó hace 50 años que de lo que cenamos ayer noche.

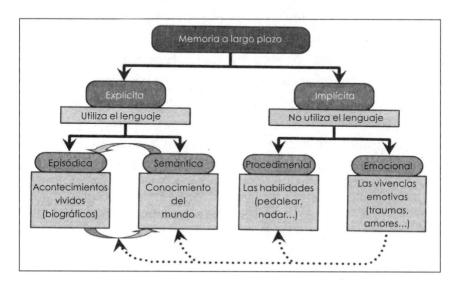

Figura 3.5
Estructura de la memoria a largo plazo. © E. Pannetier 2009

La codificación, el almacenamiento y la recuperación de la información en la memoria a largo plazo están influidos por el estado emocional en el que tienen lugar; las emociones modulan un número considerable de funciones cerebrales, dicho sea de paso.

Las emociones

Para aprender a leer, hay que quererlo y, además, encontrar alguna gratificación. Éstas no son inmediatas, como en el caso del lenguaje. Hablar sirve para expresar necesidades, estados de ánimo, opiniones, y para recibir afecto o recompensas. Nadie necesita saber leer para decirle a su madre que tiene hambre o que la quiere mucho; basta con decírselo y ella nos dará de comer o nos besará.

Así ¿para qué necesita un niño saber leer? Las respuestas son variadas, según el individuo. Algunos niños quieren aprender a leer para imitar a sus hermanos mayores; otros para poder hacer como su mamá, que es capaz de escoger el cuento para ir a dormir. Pero en nuestra cultura, para la mayoría de los niños la lectura no es más que una obligación impuesta por la escuela. Para que consigan perseverar necesitarán del refuerzo positivo, felicitaciones del papá por sus buenas notas, la admiración de la mamá cuando comenta a sus amigas: «¡Sí, ya es capaz de leer solita un cuento!».

Las emociones están gestionadas por un conjunto de estructuras cerebrales que constituyen el sistema límbico. Éste se centra en la amígdala, una pequeña masa de neuronas situada en la parte inferior de cada lóbulo temporal. La amígdala es la responsable de la interpretación emocional de las informaciones sensoriales; nos hace sentir alegría cuando vemos una cara amada, o miedo cuando vemos una película de terror. Gestiona los comportamientos o las respuestas que se desencadenan. La amígdala está relacionada con otras masas de neuronas situadas en el tronco cerebral, particularmente el locus cerúleo y los núcleos del rafe. También está en relación con regiones del córtex cerebral en el lóbulo frontal, esencialmente el córtex cingular anterior (CCA), cuyo papel en la atención ya hemos visto. La figura 3.6 esquematiza las interrelaciones entre las emociones y las diferentes estructuras del sistema límbico.

En efecto, las emociones y la atención están estrechamente ligadas, lo sabemos por experiencia. El miedo y el estrés, en un grado moderado, aumentan nuestra aptitud para estar atentos a lo que pasa a nuestro alrededor. Se trata de un mecanismo de adaptación y supervivencia fuertemente anclado en nuestro cerebro, que se remonta probablemente a los tiempos en que nuestros ancestros tenían que enfrentarse a animales salvajes de la sabana africana.

La amígdala también tiene nexos con el córtex orbitofrontal y el sistema olfativo, responsable de la percepción de los olores. Este último, de manera interesante, también está ligado a la memoria… y ahí tenemos la explicación de un hecho conocido desde hace mucho tiempo: ciertos olores nos recuerdan emociones que creíamos haber olvidado, como las famosas madalenas de Marcel Proust en *En busca del tiempo perdido.*

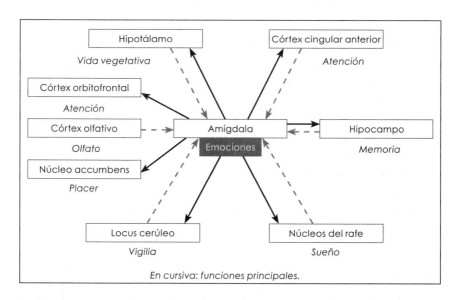

Figura 3.6
El sistema límbico: circuito de las emociones y las funciones principales.
© E. Pannetier 2009

En el caso del aprendizaje de la lectura, el sistema de gratificación pasa también por el *núcleo accumbens*, centro del placer y del sistema de «recompensas», que el cerebro se otorga a sí mismo. Un neurotransmisor en concreto, la dopamina, está producido por el núcleo accumbens en el marco de una emoción positiva y satisfactoria, e induce la necesidad de conseguir más… El sistema límbico asocia, por tanto, una emoción agradable con el deseo de reproducir la circunstancia que le dio origen. Esta gratificación externa puede ser, en el ámbito del aprendizaje de la lectura, la base de la perseverancia en el esfuerzo del niño. Pero si el papá no manifiesta ningún interés cuando su hijo se le acerca orgulloso para leerle tres frases, o si la mamá no parece nunca satisfecha con los avances de su hija y sólo se fija en sus errores de lectura, ¿qué placer encontrará la niña en la lectura? La niña intentará, entonces, encontrar sus propias satisfacciones pero, con 6 años, es difícil que las encuentre sola.

Si la ausencia de un entorno emotivo alentador no favorece el progreso en el aprendizaje de la lectura, la existencia de emociones negativas, sobre todo si se prolongan durante bastante tiempo, tiene un efecto aún más devastador. En efecto, el sistema límbico está relacionado con otras dos estructuras muy importantes para el aprendizaje: el hipocampo y el hipotálamo. El hipocampo está implicado en la memoria a largo plazo de conocimiento y emociones. Un acontecimiento con fuertes connotaciones emocionales se imprime de forma duradera y sus efectos pueden persistir durante meses o años, aunque no sea en absoluto actual. En cuanto al hipotálamo, es un conjunto de células situadas en la base del cerebro, por debajo del tronco cerebral, que controla el funcionamiento del sistema neurovegetativo del organismo, es decir, las funciones de base y las hormonas. En concreto, es el responsable de las manifestaciones extracerebrales de las emociones: el miedo, por ejemplo, que se acompaña de la aceleración del ritmo cardíaco y de la respiración, del aumento de la tensión arterial y de la dilatación de las pupilas, todo ello como consecuencia de un aumento en la producción de adrenalina. Si la situación de estrés se prolonga, el hipotálamo estimulará las glándulas suprarrenales para producir una hormona llamada cortisol. Ésta tiene efectos desastrosos para el cerebro, sobre todo para el número de neuronas que hay en el hipocampo. Por consiguiente, el estrés prolongado tiene repercusiones graves para la memoria. Un niño que vive un estrés crónico como consecuencia de unas condiciones socioeconómicas difíciles o por una situación familiar perturbada, que haya sido entregado a los servicios sociales o metido en un hogar de acogida, tendrá todos los números para tener dificultades a la hora de retener nociones como las bases de la lectura.

El cerebro es, por lo tanto, la sede de interrelaciones indispensables para el aprendizaje de la lectura, entre las funciones corticales, la atención, la memoria y las emociones. Las comunicaciones entre las células que las componen se dan por medio de sustancias químicas llamadas neurotransmisores.

La química de la lectura

El rápido desarrollo de las técnicas médicas de imagen, que permiten ver el cerebro funcionando en tiempo real, ha comportado un mayor conocimiento de los mecanismos químicos implicados en diferentes tareas, entre las cuales destaca la lectura.

Las neuronas son células básicas del córtex cerebral. Tienen una estructura particular directamente relacionada con su modo de funcionamiento (figura 3.7).

El cuerpo celular comprende un núcleo en el que se encuentra el material genético y un citoplasma donde tienen lugar diversas reacciones químicas, necesarias para la supervivencia de la neurona y su funcionamiento. El citoplasma cuenta con prolongaciones ramificadas, las dendritas, que parecen raíces de árbol y representan la mayor parte de la superficie de las neuronas. Son éstas las encargadas de recibir lo esencial de la información que proviene de las otras neuronas. El elemento característico de la neurona es el axón, prolongación filiforme que parte del cuerpo celular, como el tronco de un árbol, de longitud variable, desde unos micrones a más de un metro. Cuando una neurona se vuelve activa,

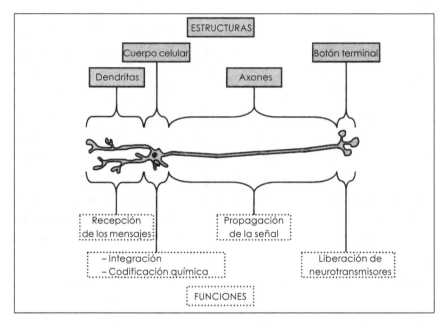

Figura 3.7
La neurona: descripción y funciones. © E. Pannetier 2009

produce una descarga eléctrica llamada potencial de acción, que se propaga a lo largo del axón, hasta su terminación sobre otra neurona. La zona de contacto y de transferencia de informaciones entre dos neuronas se llama sinapsis. La llegada del potencial de acción a nivel de la sinapsis provoca la liberación de determinadas sustancias químicas: los neurotransmisores. Éstos se fijan en los receptores presentes en la superficie de la segunda neurona y la activan: el mensaje ha sido transmitido.

Los principales neurotransmisores implicados en las tareas de aprendizaje son:

- La noradrenalina
- La dopamina
- La serotonina
- La acetilcolina
- El glutamato

Éstos intervienen en las diferentes etapas del aprendizaje y algunos de ellos tienen una importancia singular. La circulación de informaciones entre las diferentes áreas corticales de percepción primaria y las áreas corticales asociadas específicas y asociativas se efectúa, principalmente, gracias a la noradrenalina, la acetilcolina y el glutamato. La dopamina y la noradrenalina son esenciales para el funcionamiento de la atención. Las diferentes etapas de la memorización tienen, cada una, su neurotransmisor específico. La fijación de la información se hace gracias a la noradrenalina y su almacenamiento utiliza la acetilcolina, mientras que la dopamina juega un rol predominante en la restitución de la información. El circuito de las emociones de la figura 3.8 ilustra los neurotransmisores que desempeñan un papel en el circuito límbico: la noradrenalina, la dopamina, la serotonina y la acetilcolina.

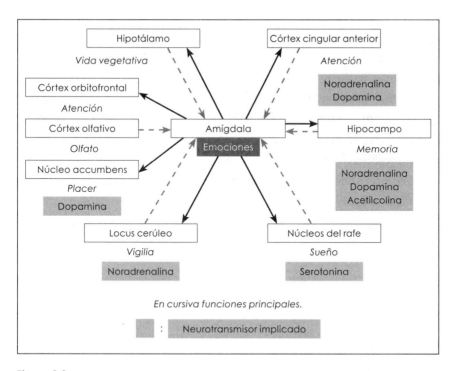

Figura 3.8
El sistema límbico y los neurotransmisores implicados. © E. Pannetier 2009

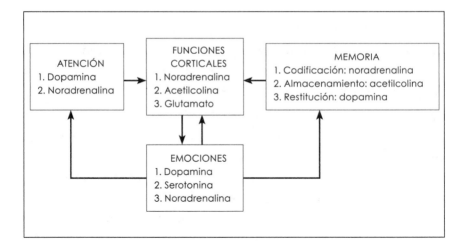

Figura 3.9
Neuroquímica del aprendizaje de la lectura. © E. Pannetier 2009

La figura 3.9 representa los neurotransmisores implicados en el aprendizaje de la lectura. Resalta uno entre ellos, por ser particularmente importante: la noradrenalina. En efecto, esta molécula interviene en todos los procesos utilizados en la lectura.

Al terminar este repaso por los diferentes órganos implicados en la lectura y su modo de funcionamiento, es fácil comprender que leer es un proceso extremadamente complejo que se prepara desde el nacimiento y que requiere de un entorno adecuado para desarrollarse. Otras dos adquisiciones resultan indispensables: el lenguaje y la organización del tiempo y del espacio, que serán el objeto del capítulo siguiente.

Capítulo 4

Hablar y organizar
el tiempo y el espacio para leer

La lectura es la herramienta inventada por el cerebro humano para recuperar las informaciones fijadas por la escritura. Esta última le permite al conocimiento atravesar el tiempo y el espacio transformando la palabra, un acontecimiento efímero, en un documento permanente. Para leer, hace falta dominar primero la palabra.

Reconocer las formas y las estructuras del lenguaje

El lenguaje es, según el diccionario *Larousse*, la «facultad propia del hombre para expresar y comunicar su pensamiento a través de signos vocales o gráficos». Palabra y escritura son, pues, las dos facetas del lenguaje, un sistema de convenciones arbitrarias, pero compartidas, que nos permite comunicarnos entre nosotros. Ambos son, de hecho, códigos artificiales. Si quiero designar con una palabra una extensión de terreno donde se cultivan flores y arbustos ornamentales, diré «jardín» en castellano, *garden* en inglés u *ogród* en polaco. Pero en sí mismo no hay nada en la palabra «jardín» (ni en *garden* ni en *ogród*) que tenga relación con las flores. Si quiero escribir esta palabra para designar la mista extensión de flores, escribiré j-a-r-d-í-n en castellano, o pondré el *kanji* 庭 en japonés. Si la lengua escrita y la hablada tienen evidentes puntos en común, como el vocabulario utilizado y la construcción de las frases, también tienen reglas diferentes que es necesario dominar para poder leer.

Desarrollar la palabra

La palabra es la expresión externa del lenguaje. Es, para empezar, un acto motor que requiere de una utilización y una coordinación adecuadas a la lengua, a los músculos de la boca, a la laringe y la respiración. El bebé recién nacido no tiene la capacidad de hablar, porque necesita ir madurando progresivamente sus sistemas de dirección de dichas estructuras para poder pronunciar palabras. Cuando el bebé mama del pecho de su madre, cuando tiene un chupete en la boca, siempre hace el mismo movimiento repetitivo, con la misma posición curvada de la lengua y los labios formando una «O». Cuando empieza a comer con la cuchara, a beber en vaso de transición y luego en taza, a masticar sus primeros alimentos sólidos, todos los músculos de la región bucal se ven implicados en movimientos variados que empiezan a trabajar, a fortalecerse, preparándose para poder hablar. Por esa razón, una de las primeras recomendaciones de los logopedas que se ocupan de los problemas del lenguaje es suprimir el uso de chupetes pasado el año de edad y favorecer experiencias variadas en la alimentación.

Pero la palabra es mucho más que un simple acto motor. Necesita de un trabajo de análisis y síntesis, adquisiciones indispensables para el futuro desarrollo de la lectura. El bebé debe empezar por distinguir la palabra humana del resto de ruidos que lo envuelven, como la lavadora o los coches de la calle, y debe aprender a otorgarle un significado y una atención particular. Hay que oír hablar para aprender a hacerlo. El lenguaje, en este sentido, no es innato como el respirar o el masticar. Los casos de niños-lobo, registrados por antropólogos como Lévi-Strauss en pleno siglo XX, lo demuestran de forma dramática.

Esos niños perdidos a abandonados a una muy tierna edad sobrevivieron en compañía de animales salvajes y aprendieron a comer y beber, pero no a hablar.

La siguiente fase en el desarrollo del lenguaje es la imitación. El niño se empeña en reproducir los sonidos de las voces que oye a su alrededor. Los sonidos más simples son las vocales, que sólo necesitan de variaciones en la posición de los labios, sin participación de la lengua. Es la época del parloteo en la que el bebé repite incansablemente «aaaaa», «ooooo» modulados. Es interesante destacar que el parloteo de un bebé español es el mismo que el de un bebé francés, italiano, inglés, alemán o zulú. Refleja la universalidad de la presencia de vocales en todas las lenguas del mundo.

Luego se instala el balbuceo, con el que el niño descubre las consonantes y repite sílabas que escucha frecuentemente a su alrededor. La asociación consonante-vocal es característica de la lengua en que el bebé está inmerso y la producción oral pierde, hacia los 8 o 9 meses, su carácter universal. A partir de ese momento, puede desarrollarse la palabra y constituirse las estructuras del lenguaje oral, mientras que el desarrollo de la comprensión les otorga sentido.

La tabla 4.1 resume las etapas del desarrollo del lenguaje oral en su vertiente de expresión y en la de la comprensión. Las edades de adquisición de las diferentes etapas están indicadas, pero existen grandes variaciones entre individuos que se consideran dentro de la «normalidad». Esta tabla nos servirá de referencia cuando hablemos de las anomalías del desarrollo del lenguaje en los individuos disléxicos.

TABLA 4.1
Desarrollo del lenguaje oral

EDAD	EXPRESIÓN	COMPRENSIÓN
0 a 2 meses	Gritos y lloros	Pre-lenguaje
2 a 4 meses	Lloros específicos	
4 a 9 meses	Balbuceo (vocales)	
6 a 12 meses	Balbuceo (sílabas)	Comprende su nombre Comprende el «no»
10 a 12 meses	Papá – Mamá	Interés por el lenguaje
10 a 15 meses	10 a 20 palabras Imitación de animales	Comprende frases simples como «Ven a comer»
12 a 18 meses	Palabra-frase	Reconoce a los miembros de la familia
15 a 24 meses	Frases de 2 palabras 200 a 300 palabras	Comprende preguntas simples
20 a 36 meses	Frases de 3 palabras Adquisición del «yo» 300 a 600 palabras	Muestra un objeto familiar en una imagen
3 a 4 años	Frases completas Le gustan las canciones	Comprende preguntas con 3 consignas sucesivas
4 a 5 años	Usa el «por qué» Puede conversar	Sigue con interés un cuento
5 a 6 años	Imaginario verbalizado Tiempos verbales	Vocabulario emocional

Si todas las etapas descritas son importantes, algunas de ellas tienen una significación especial, tanto para la evolución de la palabra como para el desarrollo de las habilidades lectoras. Entre los 10 y los 12 meses, la mayoría de los niños saben decir un papá y mamá que llamamos específico, es decir, pronunciados adecuadamente (y no «papapa» como diría en la fase de balbuceo) y se refieren a la persona correcta (no dicen «papá» para referirse también a la madre, ni para designar a todos los hombres). Esta etapa da fe de la adquisición de una noción básica del código del lenguaje: una palabra es una convención sonora que designa una persona o una cosa. Rápidamente, el bebé empieza a utilizar una sola palabra como si fuera una frase. Cuando dice «coche» puede querer decir que ha visto el coche de papá o que quiere ir en coche, o que quiere su coche de juguete o que se oye un coche en la calle. El receptor de su mensaje es quien deberá interpretar el sentido de la palabra y así el niño entiende que debe asociar varias palabras para que lo comprendan perfectamente.

El estadio de las «frases de dos palabras» constituye la primera toma de conciencia de la organización del lenguaje. «Mamá viene» o «papá caca» representa el esbozo de una comunicación oral eficaz, esto es, comprensible para todo el mundo. Pero es entre los 2 y los 3 años cuando el niño adquiere el dominio de la sintaxis que caracteriza la organización de la frase en su lengua materna. Al principio, el uso de pronombres es inadecuado y se confunde el «yo» con el «mí», los cuales se han adquirido hacia los 30 meses. Entre los 3 y los 4 años, el niño desarrolla un interés por los sonidos del lenguaje y se complace cantando canciones infantiles, hacer rimas y jugar con las palabras. Ésta es una etapa crucial porque permite el desarrollo de la conciencia fonológica, o sea, del análisis de los sonidos que constituyen el lenguaje y cuyo papel es fundamental en el desarrollo de la lectura.

Entre los 4 y los 5 años, el niño se da cuenta de que el lenguaje le aporta información sobre el mundo que lo rodea. Entra en la etapa del «por qué» hasta desesperar a padres y profesores. En los meses siguientes, a menudo entre los 5 y los 6 años, utiliza el lenguaje para expresar su imaginación: inventa historias que cuenta a los demás o a sí mismo, lo cual le permite organizar sus pensamientos gracias a la lógica que expresa. En ese mismo momento empieza a jugar con los tiempos verbales para organizarlos (ayer, hoy y mañana). El cuadro 4.1 resume los puntos previos a la lectura que conciernen al lenguaje.

Aunque todas las estructuras anatómicas del lenguaje sean normales, falta que el niño quiera comunicarse. La presencia de un entorno estimulante, seguro, que valore cada uno de sus progresos, anima al niño a seguir con las experiencias que jalonan la adquisición de la palabra. Sin embargo, un entorno poco seguro, tanto en el ámbito familiar como en el marco de los medios de acogida, tendrá consecuencias nefastas. El maltrato en todas sus formas suele estar en la base de muchos retrasos y perturbaciones duraderas del lenguaje. Las perturbaciones afectivas o psiquiátricas, raras, así como los problemas de desarrollo como el autismo, se acompañan de anomalías ocasionalmente muy graves, del lenguaje y la comunicación, que tendrán lógicas repercusiones en la lectura ulterior.

Para leer las palabras hay que asociarlas con las palabras oídas y reconocidas en el curso del aprendizaje de la palabra. La asociación de la forma visual (escrita) y de la forma oral (oída y memorizada) facilita la descodificación. En ese sentido, es necesario que la amplitud del vocabulario sea lo bastante grande antes de empezar a leer. Hacia los 6 años, la mayoría de los niños tienen un vocabulario de varios miles de palabras, aunque el vocabulario utilizado en la familia no sea el mismo, forzosamente, que el empleado en la escuela. Algunos niños de medios socioculturales desfavorecidos tendrán dificultades para aprender a leer palabras que jamás hayan escuchado en casa. El problema es aún más importante en el caso de familias inmigrantes, en las que la lengua hablada en casa es muy diferente de la utilizada en la calle y en la escuela. En esos casos, el niño se ve enfrentado a la lectura de palabras que jamás ha oído, con sonidos totalmente diferentes a los que está habituado a escuchar desde su nacimiento. Las escuelas ubicadas en los barrios multiculturales de las grandes ciudades del mundo occidental se ven confrontadas, en los últimos tiempos, a estas dificultades; porque el desarrollo de un buen dominio oral de la lengua es un requisito previo a todo aprendizaje de la lectura: hay que saber hablar antes de poder leer.

Reconocer las estructuras del lenguaje escrito

La palabra, como hemos visto, es la expresión oral del lenguaje, conjunto de convenciones utilizadas por un grupo de individuos para comunicarse de manera instantánea. La escritura y la lectura, que son la expresión permanente, también están constituidas por convenciones, algunas de ellas idénticas a las utilizadas por la palabra, y otras diferentes. Estas convenciones particulares deben ser reconocidas para que se pueda leer la palabra, la frase, su sentido.

Reconocer la palabra

En el curso de la adquisición del lenguaje, el niño pequeño descubre la palabra, luego une palabras en frases para expresar sus peticiones, preguntas y opiniones. La frase se convierte en un conjunto de sonidos significativos, entrecortados por pequeñas pausas que permiten respirar. Cuando descubre el lenguaje escrito, el niño tendrá que recorrer el camino inverso.

En efecto, si escribo: «cuandodescubrelalenguaescrita... deberarecorrerelcaminoinverso esdecirvolveralaspalabrasunaauna», estaré reflejando lo que el oído capta cuando pronuncio en voz alta esa frase, pero los ojos tendrán graves dificultades para leer una cosa semejante. Y por eso, una de las convenciones de la lengua escrita es espacial: hay espacios vacíos, sin ningún signo escrito, que separan cada palabra para facilitar el trabajo del lector. Dicha convención espacial de la escritura no ha existido desde siempre, como podemos ver en los textos manuscritos medievales en Europa, o en textos antiguos; los espacios vacíos facilitan la identificación de las unidades de lenguaje escrito, esto es, las palabras, y su comprensión. En las primeras fases del aprendizaje de la lectoescritura, esta convención se refuerza con gestos motores muy utilizados por los maestros de primaria: por ejemplo, pedirle al niño que ponga el dedo índice de la mano contraria a la que escribe, al final de la palabra que acaba de escribir, antes de escribir la siguiente.

Escritura capital: Escritura manuscrita simplificada a base de líneas y círculos o semicírculos.

Escritura cursiva: Escritura ligada cuyas palabras se escriben sin levantar el lápiz del papel.

El reconocimiento de la palabra escrita exige también la capacidad para reconocer el símbolo que constituye cada letra, sea cual sea la forma que pueda tomar. Este aspecto puramente visual de la letra tiene una importancia variable según los sistemas de escritura. En el capítulo 2 vimos las variaciones en la forma de las letras del alfabeto árabe según su posición en la palabra. Por el contrario, los silabarios japoneses no conocen las mayúsculas y el signo permanece invariable. En el alfabeto latino, hay que conocer las letras tanto en mayúsculas como en minúsculas, la letra de imprenta y la ligada, aunque las formas de una misma letra no se parezcan entre sí en el plano visual. Podemos fijarnos, por ejemplo, en las diferentes formas de escribir la letra B: B, b y *b*. Algunos quisieran ver desaparecer el aprendizaje de la letra ligada alegando que es un martirio para los niños y luego nadie las usa en la vida adulta. Pero las leyes educativas a este respecto son ilógicas porque obligan a ese tipo de escritura en primaria, dejando libertad para escribir como se quiera en secundaria. Pero ¿para qué sirve realmente aprender a leer y escribir una forma de letras que nunca más utilizaremos?

No sólo las letras que cambian de forma exigen ser reconocidas para poder ser leídas. Las palabras también cambian para obedecer a unas reglas gramaticales y ortográficas. Debe reconocerse su sentido a pesar de sus transformaciones. Se sabe que «el agua» lleva un artículo masculino aun siendo una palabra femenina, pero el género del artículo cambia en el plural: «las aguas» y esto lo aprenden los niños de entre 5 y 6 años en el transcurso de su desarrollo oral, pero hay casos más complicados. La hembra del caballo se llama yegua, y no caballa, y ese vocabulario tarda más en adquirirse aunque puede favorecerse mediante la repetición. Todavía se complica la cosa más con la conjugación de verbos, particularmente los irregulares, en los que hace falta reconocer la forma verbal para entender su significado, con todos los cambios gramaticales que puedan añadirse, por lo que acaba siendo un serio desafío para algunos lectores que no han tenido un acceso adecuado al bucle fonológico y al cuaderno visoespacial descritos en la figura 3.3.

Reconocer la organización secuencial de la frase

La sintaxis es la parte de la gramática que describe las reglas de organización de las palabras que forman una frase. Difiere de una lengua a otra: en japonés, el verbo se coloca al final de la frase, en español, francés o inglés, se pone en el centro. En nuestra lengua, el sentido de la frase está determinado por la posición de las palabras y por la presencia de determinantes, unidades gráficas que no corresponden a ningún objeto y cuya función consiste en precisar las relaciones entre las diferentes palabras. El lugar de una palabra indica su sentido, basta comparar estas frases para darse cuenta que no es lo mismo decir: «El gato se come a la rata» que «La rata se come al gato». La segunda frase es ilógica y sorprendente, sin embargo, hemos utilizado las mismas palabras. El uso de determinantes precisa la lógica de la idea:

1. «El» gato, designa un gato preciso del que nos disponemos a hablar.
2. «Un» gato, se refiere a cualquier gato del planeta, no importa cuál.
3. «Mi» gato, indica un gato único e irremplazable para mí, porque me pertenece.

Lo mismo pasa con las conjunciones, que unen o separan grupos de palabras y establecen la relación entre ellas.

1. Las conjunciones de coordinación unen grupos de palabras con la misma función: «El gato *y* el perro se pelean».
2. Las conjunciones de subordinación unen una oración subordinada a otra principal: «Me gustan los gatos *porque* son mimosos».

La sintaxis se adquiere, normalmente, en el transcurso del desarrollo de la lengua hablada, particularmente en lo que se refiere a la posición de las palabras en la frase. No suele representar ningún problema especial cuando se trata de ponerlo por escrito, si exceptuamos determinantes, pronombres o conjunciones que tienden a omitirse o a utilizarse mal en el mismo lenguaje hablado, sin que ello impida la comprensión de los demás. Pero el lenguaje escrito debe ser mucho más preciso, la omisión o la mala utilización de alguna de sus partes puede comprometer la función de las palabras y provoca perturbaciones en la comprensión del texto leído.

Reconocer el sentido del lenguaje escrito

El objetivo de leer no es descodificar nada, sino comprender. Para ello es indispensable dominar las dos etapas precedentes, es decir, reconocer las palabras y atribuirles un sentido a las frases según su sintaxis. Pero la comprensión de un texto leído también se basa en los nexos que podemos establecer con informaciones ya conocidas y memorizadas.

Cuando abrimos un libro, es posible que nos encontremos con una palabra que nunca antes habíamos oído ni leído. Y es mucho más probable que eso ocurra en un niño de primaria o en un adolescente que empieza la secundaria. Como no vive pegado a un diccionario, tendrá que deducir el significado asociándolo a palabras ya conocidas. La primera vez que lea la palabra «bombonera» es posible que no la haya escuchado ni visto previamente, pero su sonido recuerda mucho a bombón. Así, deduce que una bombonera es un recipiente que contiene bombones, sin embargo esta comprensión basada en la similitud puede ser insuficiente en ocasiones. No podemos deducir el significado de la palabra «bombona» (contenedor de un gas en cantidad variable) partiendo de un bombón. La comprensión de un texto leído requiere un sistema de conocimientos almacenados a los que nos podamos referir cuando desconozcamos una palabra o su sentido. Una lectura eficaz precisa la constitución de un léxico de referencia, preexistente, que debe ser constantemente enriquecido a medida que se va leyendo más y más. Cuanto más se lee, mejor lector se vuelve uno.

La comprensión también ayuda a descodificar. A veces podemos deducir una palabra si reconocemos la información contextual del resto de la frase. Lo mismo pasa cuando palabras de distinto significado se escriben igual. Es el caso de: «Compra pasas si pasas por la tienda», en la que «pasas» es un sustantivo y también una forma verbal.

El conjunto de procesos conduce a dos aproximaciones diferentes para leer una palabra. Una de ellas consiste en reconocer cada una de las letras y juntarlas para formar una palabra: la vía del ensamblaje. La otra utiliza el sentido de la palabra en relación a un léxico interno que contiene palabras ya conocidas y clasificadas, como si fuera una libreta de direcciones: es la vía del direccionamiento. La figura 4.1 ilustra el funcionamiento de estas dos vías.

¿Es necesario descodificar cada palabra de un texto escrito para comprenderlo? Pues no, la verdad es que no. Cuando el conjunto de estrategias se automatiza, el cerebro no tiene necesidad de analizar casi nada, sólo lee una parte de las letras de la palabra para comprender de inmediato qué palabra es y qué significa el texto que está leyendo, extrayendo así la información pertinente. La comprensión es independiente de la sintaxis y el cerebro sólo se fija en las palabras que considera significativas.

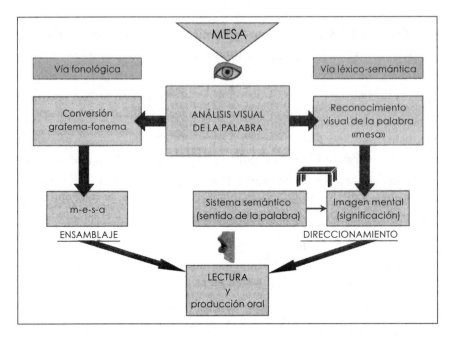

Figura 4.1
Dos procedimientos de lectura: ensamblaje y direccionamiento.
© E. Pannetier 2009

El cerebro con la experiencia aprende que todas las palabras de un texto no tienen la misma importancia y elimina las que juzga inútiles; es lo que en inglés se denomina *reading for meaning*.

Llevado al extremo, existen estrategias de «lectura rápida», que algunas personas dominan con maestría y en las que sólo se lee el 10 % de las palabras de cada página, las cuales son tratadas por el cerebro para conseguir la compresión completa. La mejora en la rapidez de lectura pasa por la ausencia de vocalización o subvocalización de las palabras: no se pronuncian mentalmente las palabras leídas, ni mucho menos en voz alta. Son los movimientos oculares de los lectores «expertos» lo que los diferencia del resto de la gente. Los movimientos de barrido horizontal de la gente se sustituyen por movimientos verticales, de una línea a otra. Ello se consigue fijando los ojos en el centro de cada línea, no en el principio ni en el final. Además, con la práctica se amplía el campo visual de manera que las palabras se captan enteras mediante la visión periférica (más amplia) y no tienen que pasar a nivel de la fóvea (*véase* capítulo 3).

Todo esto desemboca en un proceso de lectura totalmente diferente al del lenguaje, que está regido por una estrategia secuencial: no se puede pronunciar más de una palabra a la vez y el lenguaje es una sucesión de palabras. Pero con la lectura rápida, el proceso es simultáneo y varias palabras son vistas y comprendidas al mismo tiempo (aunque no realmente «leídas») gracias a estrategias visuales que organizan de manera diferente el espacio de la página.

Estructurar el tiempo y el espacio

La lectura es una actividad compleja que, como acabamos de ver, requiere el empleo de diversas estructuras anatómicas: ojo, nervio óptico, oído, nervio auditivo, diversos músculos y cerebro. Además, es una actividad que precisa el dominio del tiempo y del espacio.

Estructurar el espacio

La percepción del entorno pasa por la organización de éste. El teléfono está *sobre* la mesa; duermo *bajo* una manta; él ordena sus lápices *en* el estuche; el tenedor está *al lado* del plato; gira *a la derecha* para ir a la farmacia; el diccionario está colocado *a la izquierda* del libro de gramática.

La formación de lo que se llama universo orientado se desarrolla progresivamente. Por extraño que pueda parecer a primera vista, esto es una «invención» del cerebro humano. El árbol que crece en el bosque se contenta con crecer donde está, no es consciente de estar *en medio* de otros árboles, ni *a la derecha* de un viejo roble; basta con que movamos nuestra posición para que quede *a la izquierda* del roble.

La organización del espacio se realiza a medida que el cerebro se va desarrollando, mediante la integración de estímulos visuales y con el desarrollo del lenguaje. También está estrechamente asociada a la constitución del esquema corporal, a la representación que el cerebro tiene del propio cuerpo, particularmente en la lateralidad, que es el reconocimiento de una dominancia funcional, derecha o izquierda.

El bebé empieza a descubrir el mundo que le rodea con sus ojos. Desde los 2 meses y medio, puede seguir con los ojos un objeto atrayente (como una cara familiar o un juguete que le guste) que se desplace 180°. Entre los 6 y los 12 meses, el desarrollo de la visión estereoscópica (capítulo 3) le permite apreciar las distancias, noción que le servirá para ir en busca de un objeto y llevárselo a la boca. Hacia el año, el lenguaje añade una nueva dimensión a la percepción del espacio, gracias a la comprensión de las palabras que oye durante sus experiencias sensoriales, sobre todo las visuales.

Experiencia sensorial: Constatación efectuada con ayuda de un órgano de los sentidos que lleva a la adquisición de un nuevo conocimiento.

Órgano de los sentidos: Estructura del cuerpo que permite detectar las características del entorno. En el ser humano son ojos, oídos, lengua, nariz y piel.

El bebé comprende el término «en» y puede meter un objeto en un contenedor. Entre 1 y 2 años, es capaz de comparar las formas y se divierte con juegos en los que tenga que encajar figuras geométricas (círculos, triángulos, estrellas...) en cavidades con la misma forma. Entre los 2 y los 3 años, se comprenden términos como «sobre», «bajo», «arriba», «abajo» o «al lado». Al año siguiente se dominan nociones como «cerca», «lejos», «delante» y «detrás», y a los 5 años se entiende «más grande» y «más pequeño». Entre los 5 y los 6 años se adquiere la noción «izquierda-derecha» en su propio cuerpo, es decir, el niño puede pedir cosas señalando con su mano derecha o con la izquierda.

Éste es un momento extremadamente importante en la preparación para la actividad de la lectura, porque ésta está lateralizada. Se lee recorriendo una línea de izquierda a derecha y se escriben las palabras y las frases también de izquierda a derecha. Es verdad que hay otros sistemas de escritura, como el japonés, que se pueden leer de todas formas, incluso de arriba abajo. No importa cómo se orienten, lo que importa es que todas las escrituras se orientan, como quiera que sea. Lo deseable es que, a la edad en que se aprende a leer, el cerebro haya sido ya capaz de organizar el espacio y pueda utilizar esta función específica.

Organizar el tiempo

El tiempo es un concepto abstracto, impalpable, a menos que se use una representación abstracta del mismo, como un calendario o un reloj. De hecho, el proceso de adquisición de nociones temporales y el dominio de sus diversas estructuras son largos en el niño pequeño.

La primera etapa se produce antes de los 6 meses, cuando el bebé reconoce la diferencia entre la noche y el día, que da ritmo a sus períodos del sueño. El niño duerme de un tirón a edad variable; algunos, pocas semanas después de nacer y otros alrededor del año. Parece que este reconocimiento está regido por factores más biológicos que cognitivos, porque tiene que ver con la producción de hormonas como la melatonina, que depende de la intensidad luminosa del entorno. La diferencia en el nivel de actividad alrededor del niño también juega su papel: la disminución de estímulos auditivos y visuales se asocia a la noción de sueño y de noche.

Entre los 6 y los 12 meses, el bebé empieza a comprender el tiempo como una sucesión de momentos, esencialmente gracias a rutinas que jalonan su vida. Descubre la noción de anticipación y aplaude cuando ve a su mamá sacarse el pecho porque sabe que después va a comer. Entre 1 y 2 años, la organización del tiempo sigue adelante y aprende nociones como *antes* o *después*, cuando se asocian a una actividad que le concierne.

A partir de los 2 años, la percepción del tiempo se ve reforzada por palabras, a medida que va dominando el lenguaje, particularmente la comprensión. Se trata de una evaluación subjetiva del tiempo que se apoya en lo que el niño percibe o siente. Entre los 2 y los 3 años, integra la noción de «ahora» y aborda la percepción del desarrollo del tiempo, comprendiendo nociones como «lentamente». De los 3 a los 4 años, adquiere conceptos de organización inmediata: «hoy», «ayer», «mañana», «pronto», al tiempo que aprende a controlar el retrasar la satisfacción de sus deseos. Esta noción es sobre todo importante en el conjunto del desarrollo personal, porque determina la actitud que tendrá el individuo en su vida. Por ejemplo, el placer de leer una buena novela sólo puede existir tras años de aprendizaje de la lectura...

Entre los 4 y los 5 años, el niño es consciente de las divisiones del tiempo más sutiles, marcadas por actividades ligeras: las partes del día como la mañana, la tarde o la noche. Pero es a partir de los 5 años cuando su lenguaje le permite expresar el resultado de todas esas adquisiciones gracias a la utilización apropiada de los tiempos verbales: presente, pasado y futuro. Las nociones que exigen solicitar experiencias almacenadas en la memoria, como las estaciones, no se dominan realmente hasta los 5 o 6 años, y la numeración de los años sólo se integra a lo largo de la educación primaria.

Cuando el niño empieza a aprender a leer, es consciente de las principales divisiones del tiempo y su organización. Pero la lectura es una tarea que requiere el dominio en la organización temporal. Se lee una palabra detrás de la otra, los sonidos de cada palabra se suceden en un orden temporal definido, la conciencia fonológica se basa en la discriminación de sonidos sucesivos muy breves (*véase* capítulo 3).

Las estrategias de lectura y su aprendizaje

Los cuatro o cinco primeros años de vida permiten, pues, el desarrollo de varios órganos y funciones indispensables para la adquisición de la lectura. Tras esta fase de preparación, la capacidad para leer ya está dominada, etapa a etapa. Para ciertos científicos, estas etapas son sucesivas y cada una de ellas debe estar totalmente completada antes de pasar a la siguiente. Es el modelo de aprendizaje de la lectura propuesto por una neuropsicóloga inglesa, Uta Frith. Pero para otros, como para el neurólogo francés Michel Habib, hay encabalgamiento de etapas y ese procedimiento es positivo porque cada etapa refuerza la anterior. Lo cierto es que existen variaciones individuales bastante notables: no todo el mundo aprende a leer del mismo modo ni a la misma edad.

Etapa logográfica y método global

La primera etapa se llama logográfica, es decir, que concierne al reconocimiento de la palabra como imagen. El entorno de las sociedades industrializadas de este siglo XXI es sede del constante bombardeo de imágenes: televisión, vídeos en casa, carteles publicitarios por las calles y las carreteras. A estas imágenes siempre las acompañan palabras escritas que se van repitiendo y que el niño de 4 o 5 años va reconociendo gracias a su repetición y su contexto. Así asocia la imagen global de la palabra con su pronunciación y su significado.

Imagen mental: Representación de un objeto en el pensamiento, estando ausente la percepción.

Generalización: Transferencia de una aptitud o una competencia de un ámbito a otro.

Aptitud: Disposición natural innata para efectuar una tarea.

Competencia: Capacidad adquirida o aprendida para efectuar una tarea.

Sobre la base de estas observaciones, los pedagogos han desarrollado un método de aprendizaje de la lectura llamado método global. Los padres de Quebec saben lo que son las «palabras-etiqueta» que deben hacer estudiar a sus hijos como deberes. Se trata de reconocer y memorizar la imagen de palabras corrientes para poderlas reconocer luego cuando las vean en un pequeño texto. La ventaja de este método es que permite la comprensión de la palabra con sólo un vistazo; la asociación entre la imagen de la palabra «mesa» y la pronunciación de mesa lleva a la formación mental de una mesa. Así, es más fácil pasar de la palabra escrita a su significado.

Pero claro, este método tiene dos inconvenientes muy importantes: no permite la generalización, es decir, la transferencia de información, además es una sobrecarga notable para la memoria. Aunque el niño vea la palabra «mesa» y sea capaz de imaginarse una mesa y pronunciar la palabra, ese aprendizaje no le servirá para leer la palabra «metro» porque no sabe que la [m] con la [e] se lee «me». Con este método, cada palabra debe ser memorizada como un todo *ex novo*, sin poderse beneficiar de adquisiciones anteriores. Los estudios al respecto han demostrado que esta estrategia puede ser útil durante un año, aproximadamente, pero más allá satura el cerebro. Si comparamos un cerebro con un ordenador, sería como si la memoria del disco duro estuviese tan llena que no pudiera grabar más contenidos. El método global de aprendizaje permite un rápido despegue de la lectura, pero debe ser rápidamente sustituido por otro sistema.

Etapa alfabética y el «la m con la a: ma»

Esta etapa crucial requiere de la adecuada utilización de dos competencias: la conciencia fonológica y la identificación de una correspondencia entre una forma visual y una forma sonora. La conciencia fonológica permite al niño darse cuenta de que las palabras están formadas por una sucesión de sonidos. El aprendizaje del alfabeto le permite asociar un sonido a una letra, pero tiene que diferenciar entre el sonido de la letra y el nombre de la misma. La letra «m» se llama «eme» pero se pronuncia [m]. La lectura alfabética se hace reconociendo el sonido de las letras juntas entre sí, hasta formar el sonido que compone la palabra. Los neuropsicólogos hablan, entonces, de lectura por ensamblaje. Es el famoso «la m con la a: ma» que se ha enseñado en nuestras escuelas durante tantos años. Permite la generalización de todo lo que se va aprendiendo y, una vez identificado el sonido «me», es posible saber cómo se escribirá «metro» si ya sabemos cómo se escribe «mesa». Además, este sistema es muy económico en términos de memorización: una vez reconocido el sonido «me», podremos identificarlo en todas las palabras que lo lleven: mesa, metro, mecano o mercado, por ejemplo. Tiene una clara ventaja frente al sistema logográfico.

Sin embargo no es perfecto porque no permite leer palabras irregulares, propias de otros idiomas como el francés, en los que no siempre una unidad gráfica se corresponde con una sola unidad de sonido. En francés, saber leer «*monde*» permite saber leer «*montre*» pero no ayuda a leer «*monsieur*», palabra cuya primera sílaba se pronuncia [me]. En esos casos se hace necesaria otra estrategia.

Etapa ortográfica y aprendizaje de la escritura

Esta etapa se desarrolla simultáneamente a la adquisición de otra competencia: la escritura. De hecho, la escritura empezó ya en la fase precedente, reforzando las estrategias de aprendizaje del alfabeto. En efecto, el reconocimiento de las letras se desarrolla no sólo gracias a la utilización de la memoria visual, sino a la memoria de los gestos, como expusimos en el capítulo 3. Marieke Longcamp, una neurocientífica francesa que trabaja en Toulouse, ha demostrado que es preferible aprender el alfabeto escribiendo directamente las letras, a mano, en un papel, que no con un teclado ni en una pizarra, a menos que se tengan problemas motores que impidan la realización adecuada de movimientos precisos, necesarios para la escritura.

En la etapa ortográfica, no se trata solamente de aprender las letras, sino de leer palabras. Entonces entra en acción un mecanismo que los neuropsicólogos llaman lectura por direccionamiento. Las palabras leídas suficientes veces, a menudo con estrategia alfabética, acaban siendo reconocidas visualmente sin que haya que dividirlas en sus componentes fonéticos, es decir, sin leerlas en el sentido estricto. Son «dirigidas» a un léxico visual guardado en la memoria y comparadas con el léxico fonológico acumulado durante el desarrollo del lenguaje. Gracias a esta etapa los franceses, por ejemplo, saben leer y escribir todos los grafemas y saber cuándo tienen que leer «*mon*» o «*me*», en tanto que palabra irregular, como hemos descrito precedentemente.

El desarrollo de esta etapa ortográfica permite la rápida progresión de las habilidades de lectoescritura, y su automatización deja la posibilidad al cerebro de consagrarse a otras tareas como la comprensión del texto, que es la finalidad de la lectura. No leemos para descodificar textos, sino para apropiarnos del contenido de los mismos: adquisición de conocimientos, transmisión de información, placer al descubrir una bonita novela, son las razones que nos animan a todos esos esfuerzos y le dan sentido a la lectura.

Comprender para poder leer

En ciertos casos particulares, es el sentido el que permite leer. Esta etapa semántica (del griego *sêmantikos*, 'significado') nos permite pronunciar y reconocer palabras que se escriben de forma idéntica pero que tienen significados distintos o se pronuncian de diferente modo. Es el caso de la frase: «Si pasas por la tienda compra pasas». La utilización del tratamiento semántico se comprende mal, incluso en la actualidad. No sabemos exactamente cuándo ni cómo se instala, ni lo que implica en el ámbito del barrido visual. En efecto, hay que ver toda la frase para comprender el sentido de cada una de las palabras ¡y eso desafía la lógica!

La elección de la eficacia

Tras algunos años de aprendizaje, el «normolector» ha conseguido el dominio de las cuatro estrategias descritas en la tabla 4.2 que aparece en página siguiente. No se emplean todas ellas simultáneamente ni con igual frecuencia. Lo esencial de la lectura, en la edad adulta, utiliza la estrategia ortográfica, también llamada grafofonética por los pedagogos. Ésta nos permite la lectura rápida y eficaz de la mayoría de las palabras.

Las otras estrategias se utilizan en circunstancias en las que el método ortográfico resulta ineficaz, como hemos explicado en la estrategia semántica en el punto preferente. Los carteles publicitarios a lo largo de las carreteras suelen proponer textos cortos, y sus creadores esperan que sean reconocidos sobre la base logográfica. La palabra «Pepsi» es fotografiada por el cerebro e inmediatamente asociada a una bebida de cola gaseosa muy conocida. La estrategia alfabética, por su parte, se utiliza con palabras desconocidas que el cerebro nunca ha registrado, como nombres propios o palabras extranjeras (que son descodificadas utilizando el sistema fonológico del lector, y no el de la lengua extranjera).

TABLA 4.2
Estrategias de lectura

ESTRATEGIAS	TÉCNICAS	VENTAJAS	INCONVENIENTES
Logográfica	Reconocimiento global de las palabras	Imagen mental → Comprensión Mesa	No se puede generalizar: *Mesa* ✕ *Metro*
Alfabética	Identificación de la secuencia de letras	m-o-n → «mon»	Dificultad con palabras irregulares *Monde* ✕ *Monsieur*
Ortográfica	Reconocimiento automatizado de grupos de letras	Eficaz *Mesa* → *Metro* *Canción* → *Camión*	Necesita rapidez para comprender
Semántica	Utilización del sentido por descodificación	Permite leer: «Si pasas por la tienda compra pasas»	Hay que comprender antes de leer

Estas estrategias también sirven para compensar, aunque sea de manera imperfecta, los mecanismos de lectura deficientes en los diferentes casos de dislexia. El próximo capítulo describe la dislexia, sus posibles causas y sus impactos durante la escolarización y en la edad adulta.

Capítulo 5

La dislexia
o las dislexias

Leer consiste, pues, en traducir un código gráfico en un código fonético para comprender su significado. Son múltiples las etapas del desarrollo que participan en la preparación de este proceso y cada una de ellas puede ser objeto de fallos en el origen de las dificultades de la lectura.

Las manifestaciones de la dislexia

La dislexia es un problema permanente que afecta al aprendizaje de la lectoescritura y de su posterior automatización. En esta definición, el problema concierne tanto a la descodificación como a la comprensión de los textos, con repercusiones serias en la ortografía y en todo el conjunto de la escolarización. Su carácter permanente es un elemento importante que permite diferenciarla de otras dificultades temporales con la lectura: algunos niños necesitan más tiempo para aprender a leer o necesitan que se profundice más en cada etapa con las estrategias de descodificación. Pero esos retrasos en la lectura son transitorios, de orígenes muy diversos, como hemos visto en el capítulo 4; desaparecen con la ayuda apropiada, lo cual no sucede con la dislexia. La noción de «disléxico hoy, disléxico para siempre» parece pesimista, pero si las anomalías que la caracterizan persisten efectivamente, incluso en la edad adulta, sus manifestaciones cambian a medida que los años pasan y sus impactos funcionales se vuelven, en general, mucho menos desgarradores.

Clasificación de las dislexias

Los aspectos al mismo tiempo lingüísticos y visuales de la lectura explican la existencia de tres tipos de dislexia, según la clasificación más comúnmente utilizada en la bibliografía francesa y publicada en 1998 por el neurólogo francés Michel Habib. Nosotros las presentamos aquí junto con las correspondencias de otras clasificaciones que se precisarán en cada descripción. Estas correspondencias pueden ser aproximativas y los criterios de definición no son enteramente extrapolables, pero su objetivo es facilitar la comprensión de documentos o informes de especialistas diversos (neuropsicólogos, logopedas, ortopedagogos…). La tabla 5.1 presenta la clasificación utilizada en este libro.

Cada uno de estos tipos tiene características particulares, tanto en sus síntomas como en las posibles causas, y es importante comprenderlas bien porque las medidas de apoyo y reeducación son diferentes, según el caso.

TABLA 5.1
Clasificación de las dislexias y frecuencia de las diferentes formas

TIPO	AFECTACIÓN	REPARTICIÓN
Fonológica	De la vía de ensamblaje	67%
Perceptiva-visual	De la vía de direccionamiento	10%
Mixta	De ambas vías	23%

La dislexia fonológica

La dislexia fonológica tiene varias denominaciones. Representa dos tercios de las dislexias existentes y su problema básico afecta al tratamiento de los componentes del lenguaje. La conciencia fonológica está alterada: al individuo le resulta difícil analizar los sonidos que componen la palabra; por lo tanto, se trata de una anomalía que precede al aprendizaje de la lectura, que se manifiesta años antes. En el niño pequeñito, se traduce por la incapacidad para descomponer las palabras en cada uno de los sonidos que las constituyen.

Sinónimos de dislexia fonológica

- Disfonética
- Fonética
- Lingüística
- Profunda
- Dislexia que afecta a la vía de ensamblaje

La persona no puede pensar palabras que rimen entre sí (con los mismos sonidos al final: amor, calor, pavor...) ni palabras que empiecen igual (barco, bar, baremo...). Le resulta imposible decir cómo queda una palabra cuando se le elimina uno de los sonidos (fonema) que la componen. Es decir, que no sabe contestar a la pregunta: ¿Cómo queda la palabra «paraguas» si le quitamos «ra»?

Después, cuando empieza el aprendizaje de la lectoescritura, el niño tiene dificultades para establecer correspondencias grafofonéticas. Dichas correspondencias permiten relacionar una unidad de escritura, como por ejemplo una sílaba, con su pronunciación. Para conseguirlo es necesario unir los sonidos correspondientes a las letras para poder formar las sílabas. En caso de dificultad, el disléxico es capaz de utilizar estrategias de compensación a través de su memoria o del sentido de la frase. El niño tiene grandes dificultades, entonces, para leer palabras que no significan nada (como «fucaler» o «drovicasio»), que son palabras inventadas y no existen en su lengua: en ese caso, no puede recurrir a su memoria para reconocer la palabra ni por su morfología general ni por su significado. Y cuando consigue descodificar y leer la palabra rara, no lo puede hacer de manera automatizada como el resto de los mortales; así, para cada nueva palabra desconocida, tiene que hacer todo el trabajo de análisis, como cuando se está aprendiendo a leer. Sin embargo, ya sabemos que la automatización es indispensable para poder ser un buen lector: permite leer rápidamente incluso lo que no se entiende y, lo más importante, reduce considerablemente el esfuerzo cognitivo, es decir, la energía empleada para leer. Cuando existe automatización, el cerebro puede concentrarse en la comprensión del texto descodificado. Dado que leer las palabras de forma individual le resulta tan difícil al niño disléxico, tiende a emplear el contexto general de la frase y a servirse de su sentido común para deducir cuál va a ser la próxima palabra a leer y, si fuera necesario, la sustituirá por un sinónimo. De ese modo, suponiendo que nunca antes haya leído la palabra chándal, en vez de leer: «Si tienes frío ponte un chándal», leerá: «Si tienes frío ponte un abrigo». En el ámbito escolar, esta estrategia para salir del paso puede tener un serio impacto en la comprensión de textos sobre los que deberá responder preguntas, aunque no se altere la comprensión general de los mismos. Ahora bien, en matemáticas o en materias en las que el vocabulario utilizado es muy preciso (ecología, geografía, biología, física), tales aproximaciones son inaceptables y afectarán a las notas de los niños y a la evaluación de sus conocimientos.

Las dificultades en el tratamiento del lenguaje no se limitan a los textos escritos, sino que pueden afectar –de manera mucho más sutil– al lenguaje hablado. Puede parecer muy sorprendente, pero en la mayoría de los casos, los disléxicos gozan de una excelente capacidad para comunicarse verbalmente, y muchos de ellos son artistas de cine y de teatro. Pero para algunos, el desarrollo del lenguaje fue lento, los hay que empezaron a hablar tarde, justo en el límite de la normalidad, pero este extremo ya sabemos que puede ser muy variable (*véase* el capítulo 3). Lo cierto es que muchos retrasos del lenguaje hablado, perfectamente diagnosticados, se corrigen de forma espontánea antes de la escolarización o se corrigen con una corta terapia. Dichas particularidades permiten diferenciar un sencillo retraso en el lenguaje de la disfasia, en la que las anomalías de expresión y comprensión son permanentes, aunque mejoren con terapia. No obstante, les estudios sistemáticos del lenguaje oral de niños disléxicos demuestran la existencia de determinadas particularidades en relación a niños normolectores de la misma edad. La realidad es que entre el 15 y el 20 % de los alumnos que empiezan primaria presentan alteraciones notables del lenguaje que pasan totalmente desapercibidas para padres, maestros y pediatras.

Para empezar se trata —más allá de posibles alteraciones menores de pronunciación («camamelo» por «caramelo»)— de dificultades de acceso léxico. Cuando aprendemos una palabra nueva y comprendemos su significado, la almacenamos en nuestra memoria con palabras semejantes, como si las ordenásemos en clasificadores. Así, todos tenemos carpetas con los títulos de «nombres de animales», «nombres de cosas», «colores», etc. En el interior de cada carpeta, las palabras están clasificadas según su primer sonido, así que «gato» está antes que «perro» pero después de «babuino». Cuando queremos utilizar el nombre de un animal, para incluirlo en una frase o para describirlo en una imagen, abrimos la carpeta «Animales» y allí buscamos según sus características. En caso de dificultades, el hecho de buscar por la primera letra nos resulta de ayuda. Ésta es una experiencia que todos y cada uno de nosotros puede comprobar cuando intentamos recordar el nombre de una persona que no vemos hace mucho tiempo; recordar la inicial de su nombre nos ayuda a encontrar el nombre completo. Las personas disléxicas tienen más dificultad que las demás para acceder a este léxico interno. Esta particularidad es el origen de un montón de pruebas basadas en la denominación automatizada rápida (*rapid, automatised naming*). Los niños disléxicos se toman más tiempo que los normolectores para nombrar una serie de animales que se les presentan en imágenes. Estos exámenes llevados a cabo en niños que empiezan la educación primaria son un excelente indicador para futuros problemas de lectoescritura.

De manera complementaria, tienen dificultades de evocación léxica, que es la capacidad para evocar palabras de una misma categoría. También es relevante la organización del léxico interno, dificultades que se traducen por la falta de eficacia cuando se le solicita a un disléxico que, en 1 minuto, nombre la mayor cantidad de palabras de una misma categoría, por ejemplo, colores. La cosa se complica todavía más si se añade la dificultad de que las palabras solicitadas empiecen todas por la misma letra: animales que empiecen por «l», objetos que empiecen por «b»... porque se les viene encima su problema de conciencia fonológica.

Además, presentan problemas lingüísticos sutiles derivados de la memoria de trabajo fonológica, es decir, de la manipulación inmediata de palabras y nociones verbales. Para aprender nuevas nociones de geografía o de ecología, todo el mundo necesita manipular palabras y relacionarlas con nociones ya conocidas para tejer lazos, comprender y retener en la memoria. Los disléxicos tienen dificultades para utilizar la memoria de trabajo verbal y el bucle fonológico (*véase* capítulo 4). Durante los test que evalúan la memoria auditiva secuencial, en el curso de los cuales deben repetir series de palabras o cifras, son menos eficaces que los normolectores: el número de palabras o de cifras que son capaces de recordar es inferior al que pueden memorizar otros niños de la misma edad, del mismo nivel de escolarización, pero sin problemas de lectura.

Si profundizamos un poco más en la evaluación de individuos con dislexia fonológica, utilizando técnicas informatizadas, es posible encontrar en ellos un particular problema de percepción auditiva. Este tema lo ha trabajado bastante la neurocientífica Paula Tallal, que ha demostrado la existencia, en los disléxicos, de una dificultad real para percibir correctamente sonidos breves que se suceden muy cerca uno del otro. Esto es más cierto en consonantes fonéticamente próximas, como la «b» y la «p». Estas dos consonantes se pronuncian colocando los labios y la lengua exactamente igual; la diferencia de sonido estriba en una contracción de las cuerdas vocales que expulsa el aire de manera explosiva en el caso de la «p». Los sonidos producidos son breves, menos de cuarenta milisegundos en sílabas como «ba», o «pa», mientras que otras consonantes requieren de un poco más de tiempo para ser pronunciadas, llegando a cien milisegundos para la «m» de «ma». Paula Tallal también ha demostrado que, gracias a un programa informático, se puede alargar la pronunciación de la «b» y de la «p» y, entonces, los disléxicos dejan de confundir ambos fonemas.

La dislexia visoperceptual

En su forma pura, la dislexia visoperceptual es mucho menos frecuente que la precedente y representa un 10 % del conjunto de las dislexias. También se le llama diseidética, léxica o morfémica; en el adulto, se habla de dislexia de superficie. Afecta a la vía de direccionamiento que utiliza el cuaderno visoespacial descrito en el capítulo 4. El problema de base está constituido por dificultades para reconocer visualmente la imagen global de las palabras, que permite la lectura rápida de palabras familiares sin necesidad de descodificarlas (sílaba a sílaba o letra a letra) y que resulta indispensable para leer palabras irregulares o palabras en las que algunas letras no se pronuncian.

Sinónimos de dislexia visoperceptual

- Dislexia diseidética
- Dislexia léxica
- Dislexia morfémica
- Dislexia de superficie
- Dislexia que afecta a la vía de direccionamiento

El individuo que padece una dislexia visoperceptual debe utilizar continuamente una estrategia de ensamblaje, como la correspondencia grafema-fonema. Esta estrategia alfabética le impide leer palabras irregulares, como se explica en la tabla 3.2 sobre estrategias de lectura. Además, comporta mucha lentitud de lectura porque la constante descodificación afecta a la comprensión. Si tengo que leer una frase que contenga la palabra «sombrero», si debo desglosarla para comprender que «s-o-m» se lee «som», que luego hay dos consonantes juntas y luego una vocal «b-r-e» y al final la combinación de «r-o», es posible que ya se me haya olvidado la frase que estaba leyendo. Probablemente sólo me acuerde del último «brero», lo cual comprometerá seriamente la comprensión de la frase. De hecho, los problemas de comprensión son más graves en esta forma de dislexia, aunque son menos frecuentes errores de descodificación, por ejemplo durante una lectura en voz alta, que en la dislexia fonológica. En definitiva, estos disléxicos leen mejor pero comprenden menos.

Las dificultades propias de la lectura están asociadas a problemas de organización del espacio, de lateralidad y de percepción visual que pueden ser detectados en los años precedentes al aprendizaje del lenguaje escrito. Suelen ser niños que han tardado en escoger una mano dominante y en diferenciar la derecha de la izquierda. Incluso en la edad adulta, cuando deben describir un itinerario o indicar una dirección, «girar a la izquierda» puede significar fácilmente a la derecha para ellos. Cuando les llega el momento de reconocer la forma visual de las letras, no es sorprendente que tengan serias dificultades con letras cuya única diferencia reside en la orientación de los elementos que las componen, como la «b» y la «d», la «p» y la «q», la «u» y la «n», la «i» y la «l», la «m» y la «w». Estas confusiones se consideran sinónimo de dislexia para mucha gente, aunque no lo son por sí solas. De hecho, pueden ser normales en todos los niños pequeños que empiezan a aprender lectoescritura, pero persisten a pesar de la maduración en los disléxicos reales. La confusión entre «b-d» es síntoma de dislexia visoperceptual, mientras que la confusión «b-p» es síntoma de dislexia fonológica, como explicamos en el apartado «La dislexia fonológica», página 93 .

Otras anomalías de percepción visual han sido eventualmente descritas, aunque son menos frecuentes. Se trata de la dificultad que padecen los individuos con este tipo de dislexia para evaluar visualmente longitudes o para comparar medidas de elementos lineales. Si colocamos ante ellos dos segmentos de longitud parecida, les resultará difícil decir cuál es la más larga, cosa que no ocurre con los normolectores. Esta característica está en el origen de algunos test utilizados en evaluaciones para detectar la dislexia y que demuestran que las anomalías visoperceptuales desbordan el ámbito de la lectoescritura. Evidentemente, tienen repercusiones en el aprendizaje de la geometría, sobre todo en los años más avanzados de la escolarización (simetrías, traslación, vectores…).

En ocasiones no es la percepción visual propiamente dicha la que está alterada, sino la coordinación y la motricidad visual. La lectura normal se efectúa gracias al barrido de la línea escrita, pero dicho barrido no es un movimiento uniforme. Se compone de una sucesión de sacudidas oculares seguidas de breves momentos de fijación, como se describe detalladamente en el capítulo 3. La mayor parte del tiempo las sacudidas se desarrollan de derecha a izquierda, para verificar una palabra o para cambiar de línea. El desarrollo funcional de dichas sacudidas se va adquiriendo progresivamente durante los primeros años de aprendizaje de la lectura. El ojo no ve claramente si no está fijado, que es cuando discierne simultáneamente de cinco a nueve letras consecutivas. Durante las sacudidas, la visión es «borrosa» a causa del movimiento. En los normolectores, las sacudidas representan un 10 % de tiempo de lectura. Pero en algunos disléxicos las sacudidas oculares están desorganizadas, alargadas, como si sus ojos no pudieran despegarse de las letras. La imagen de las palabras escritas que llegan al cerebro también está desorganizada y la compresión se ve comprometida. Estas anomalías, grabadas con técnicas de electrooculografía y tratadas con ordenador, son raras, todo hay que decirlo, y pueden encontrarse también en apraxias oculomotrices (problema de control de movimiento de los ojos) que aparece en las dispraxias. No tienen nada que ver con los movimientos erráticos de individuos que tienen un déficit de atención con o sin hiperactividad (TDAH).

La dislexia mixta

La dislexia mixta representa un cuarto del conjunto de las dislexias. En ella aparecen elementos pertenecientes a los dos tipos precedentes, incluyendo problemas fonológicos y visoperceptuales. Asociando anomalías en la conciencia fonológica, el acceso al léxico, el reconocimiento visual de las palabras y la lateralidad, tiene repercusiones en la lectura en voz alta, en la rapidez de descodificación, en la comprensión de textos y la ortografía.

Si el diagnóstico formal de una dislexia y la detección de su tipo exacto son indispensables para establecer una estrategia adecuada, y necesita de una evaluación sistemática por parte de especialistas (neuropsicólogos, neuropediatras, logopedas), algunas características pueden orientarnos de manera rápida hacia tal tipo de dislexia o tal otro. La tabla 5.2 presenta algunos «trucos» de utilidad para maestros y pedagogos, con el fin de llamar la atención e invitar a una evaluación más profunda.

TABLA 5.2
Trucos para detectar el tipo de dislexia

FONOLÓGICA	VISOPERCEPTUAL
Sustituciones fonéticas: b-p, f-v, d-t, s-c-z	Sustituciones visuales: b-d, p-q, u-n, m-w, a-o
• Adiciones: cota → corta • Omisiones: contra → cotra	• Inversiones: bla → bal • Transposiciones: equipo → épico
Dificultades con palabras inventadas: «poti, drivagana, tubicrol»	Dificultades con palabras irregulares
Comprensión general del texto preservada	Comprensión general difícil
• Difícil lectura en voz alta • Numerosos errores de descodificación • Sustituciones semánticas (homónimos)	• Lectura en voz alta buena pero lenta • Dificultades de puntuación • Saltos de línea
MIXTA	
• Sustituciones visuales y fonéticas • Adiciones, omisiones, inversiones, transposiciones • Comprensión alterada • Lectura difícil en voz alta	

El cerebro disléxico a la luz de las neurociencias

El conjunto de las dificultades de la lectura que acaban de ser descritas tiene una base anatómica en el cerebro. Las modificaciones, a menudo mínimas, que afecten a la organización o al funcionamiento de circuitos cerebrales específicos, perturban la manipulación del código especial que representa el lenguaje escrito.

Las primeras anomalías cerebrales referidas, en relación con la dislexia, son macroscópicas, es decir, visibles al ojo cuando se observan cerebros durante las autopsias, por ejemplo o, más recientemente, gracias a las técnicas de diagnóstico por imagen como la tomografía axial o las resonancias magnéticas. Dichas anomalías afectan a una región denominada plano temporal, que es una parte del lóbulo temporal situada en las profundidades de la cisura de Silvio, prolongación del giro de Heschl, que recibe información auditiva (*véanse* figuras 1.1 y 1.3). En la mayoría de los diestros normolectores, esta región está más desarrollada en la parte izquierda que en la derecha, probablemente a causa de la lateralización del lenguaje a la izquierda. Diversos estudios han demostrado que entre el 70 y el 90 % de los disléxicos, sobre todo los fonológicos, tienen un cerebro demasiado simétrico, el plano temporal izquierdo no está más desarrollado que el derecho; este extremo se ha relacionado con los problemas lingüísticos precedentemente comentados. Sin embargo, otros trabajos no confirman esta simetría en el cerebro disléxico. Lo que sí se confirma es una ausencia de asimetría a nivel parietal (*véase* la figura 1.3), el área suprasilvina izquierda no es más grande que la derecha en los disléxicos. Finalmente, las modificaciones del cuerpo calloso también han sido descritas en los cerebros disléxicos: es más voluminoso, sobre todo en los disléxicos diestros. Las correlaciones entre estos cambios de morfología cerebral con las manifestaciones de la dislexia son aún meras hipótesis; algunas de ellas hacen intervenir fenómenos que se desarrollan en las células cerebrales.

Anomalías microscópicas se han descrito, en efecto, en la dislexia. Las observaciones no son muy numerosas: la dislexia no es una enfermedad, los cerebros estudiados siempre son de disléxicos muertos por las causas más variadas y, quizás, esas mismas enfermedades hayan sido las causantes de las anomalías observadas en los cerebros. Son, esencialmente, cambios en la misma organización de las células, que resultarían significativos si hubieran existido en vida del individuo, cosa que no sabemos a ciencia cierta. Un neurólogo americano, Albert Galaburda, publicó la mayoría de los trabajos a este respecto a partir de 1979. La alteración más frecuente está constituida por ectopias, es decir, grupos de neuronas que no respetan la organización habitual del córtex cerebral. Esas masas de células están ubicadas en la parte más superficial del córtex, particularmente en las áreas del lenguaje del hemisferio izquierdo. La estructura del córtex, a base de seis capas superpuestas, está perturbada en esas zonas, que presentan una superficie irregular. Estas anomalías podrían deberse a una anormal migración de neuronas durante la vida fetal. En efecto, las neuronas se forman a partir de células madre situadas en las profundidades del cerebro y suben a la superficie entre las semanas 24 y la 35 de gestación, para formar la materia gris. Las ectopias también se encuentran alrededor de los núcleos grises centrales (*véase* el capítulo 3), sobre todo en las zonas situadas sobre el trayecto de las áreas visuales y auditivas. Ésa sería la razón de los problemas perceptivos (visuales y auditivos) que presentan las dislexias.

Las anomalías macroscópicas y microscópicas constatadas en el cerebro de los disléxicos orientan las investigaciones hacia un origen genético y hacia factores hormonales que actúan sobre el cerebro durante la vida fetal, modificando su estructura. Las técnicas de neuroimagen funcional, como la resonancia magnética funcional (IRMf) y la tomografía por emisión de positrones (TEP), han demostrado la existencia de modificaciones en la activación de diferentes zonas cerebrales según sea la tarea efectuada.

Dichas modificaciones afectan tanto al hemisferio izquierdo como al derecho. A la izquierda, vemos que el disléxico tiene una disminución de la activación del área de Wernicke durante las tareas de lectura y de búsqueda de rimas (análisis fonológico), así como un retardo en la activa-

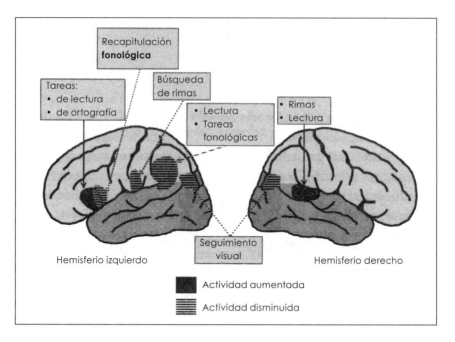

Figura 5.1

Resumen de las zonas sobreactivadas e infraactivadas durante las diferentes tareas relacionadas con la lectura en los disléxicos. © E. Pannetier 2009

ción del córtex temporal durante las tareas de lectura y ortografía, al mismo tiempo que un aumento de la actividad en el área de Broca (sede de la producción de la palabra). A la derecha, la activación del córtex temporal superior, en tareas de lectura y de análisis fonológico, compensa los déficits del otro hemisferio. Notamos, en ambos hemisferios, la ausencia de activación del córtex temporal posterior durante tareas de seguimiento visual. La figura 5.1 resume los datos actuales sobre las anomalías funcionales en los casos de dislexia, pero es cierto que en los próximos años podremos completar esa información. Más allá de la demostración de dichas anomalías funcionales, el estudio de las imágenes médicas nos ofrece un mayor apoyo en la necesidad de una readaptación específica de la dislexia. En efecto, diversos informes de seguimiento han confirmado los efectos benéficos de una estrategia adaptada a ellos, presentando entonces una clara mejora de la actividad cerebral concernida, después del tratamiento. Estos estudios también han confirmado el origen orgánico de la dislexia, que fue discutido durante un tiempo.

¿De dónde procede la dislexia?

Durante buena parte del siglo xx, la dislexia se atribuía a factores propios del individuo afectado. Algunos psicoanalistas opinaban que la dislexia se debía a las dificultades en las relaciones entre madre e hijo o a algún tipo de «bloqueo afectivo». Lo cierto es que toda la información que arrojan las técnicas de diagnóstico por imagen ha desmentido esas extrañas teorías sobre perturbaciones relacionales en el origen de la dislexia, aunque no se descarta que puedan tener alguna influencia en ciertos retrasos de maduración y de aprendizaje de la lectoescritura, pasajeros y sin relación con la dislexia. Sin embargo, en algunos países de Europa y en las escuelas de Norteamérica, se sigue considerando a los disléxicos como responsables de su problema. Se han señalado algunos métodos de enseñanza, como el método global, aplicado en diferentes sistemas escolares, o la escolarización precoz de los niños, antes de que consigan las suficiente madurez intelectual y social, como causas que podrían estar favoreciendo la dislexia. Es verdad que los métodos inapropiados de enseñanza o la precoz escolarización pueden causar problemas de aprendizaje, pero no provocan «dislexia». El método global, basado en la estrategia logográfica descrita en el capítulo 4, sobrecarga notablemente la memoria y se vuelve rápidamente ineficaz, lo que impide que el niño progrese. Permite abordar el descubrimiento de la lectura, pero los estudios demuestran que, después de tres meses, el rendimiento disminuye y, al cabo de un año, si se ha utilizado de forma exclusiva, no se adquieren conocimientos nuevos; esto es por culpa de la sobrecarga de la memoria visual, porque la única forma de aprender una nueva palabra acaba siendo el olvido de otra anterior. Este método de enseñanza no provoca dislexia (nada la provoca), pero sí retrasos y dificultades de aprendizaje. Afortunadamente, está siendo abandonado como método de enseñanza de la lectura.

Los factores propios de cada individuo y las anomalías de funcionamiento cerebral que se le asocien se ven claramente favorecidos como causa de la dislexia. Se trata de influencias hormonales y de causas genéticas.

El papel de la hormona masculina, la testosterona, ha sido puesta bajo sospecha por la enorme predominancia de sujetos varones afectados de dislexia. Como ocurre en el conjunto de problemas neuroevolutivos más frecuente en varones: disfasia, déficit de atención, autismo, hiperactividad, por nombrar sólo algunos. De ahí sobre todo la idea de la acción tóxica de la testosterona sobre el cerebro de algunos fetos, defendido en particular por N. Geschwind en numerosas publicaciones. La cantidad de testosterona producida tanto por la madre como por el feto mismo sufre variaciones durante toda la gestación. Geschwind piensa que un exceso de testosterona, a partir del séptimo mes de vida intrauterina, durante el establecimiento de las conexiones entre las zonas del córtex cerebral, y la eliminación de neuronas inútiles, ralentizaría el desarrollo del hemisferio izquierdo, sede de los procesos lingüísticos. En consecuencia, habría menos neuronas en las áreas del lenguaje en la parte izquierda, que sí estarían en mayor número en el hemisferio derecho. Ésta sería la explicación de la ausencia de asimetría del córtex temporal y parietal inferior en los disléxicos, ya descrita. Por otra parte, cabe señalar que hay muy pocos estudios que midan los niveles de testosterona en fetos que puedan confirmar esta hipótesis.

En cuanto a la importancia de las causas genéticas de la dislexia, se ha demostrado en numerosos trabajos estadísticos. Para citar sólo unos cuantos, sabemos, por ejemplo, que si uno de los padres es disléxico, su hijo tendrá un 65 % de posibilidades de ser disléxico también, mientras que el riesgo es sólo del 2 % si ninguno de los padres lo es. El sexo también parece influir en su destino porque los niños corren tres veces más riesgo de ser disléxicos que las niñas. Más allá de estos datos estadísticos, otros estudios demuestran la existencia de dificultades fonológicas en los niños con un progenitor disléxico, desde la edad de 30 meses, es decir, mucho antes de que haya empezado a aprender a leer. Finalmente, para apoyar el origen genético de la dislexia, se han llevado a cabo trabajos con gemelos y con mellizos, los cuales aportan argumentos interesantes. Las aptitudes de lectura sobre base fonológica son idénticas en los gemelos, pero no en los mellizos. Por el contrario, las aptitudes léxicas son diferentes tanto en los gemelos como en los mellizos. Así, las bases fonológicas de la lectura parecen tener un origen genético. Actualmente, diversos laboratorios de genética en el mundo están buscando el gen de la dislexia. Parece que hay diversos genes implicados, que actúan en concierto y cuyas anomalías de funcionamiento podrían ser las responsables de los síntomas de la dislexia. De momento hay genes «sospechosos» en ciertas familias de disléxicos, en particular sobre los cromosomas, 1, 2, 6, 15 y 18. En el futuro se podrán confirmar dichas investigaciones.

Un aspecto genético interesante es la dislexia que concierne a la lateralización. Se sabe desde hace tiempo que hay más disléxicos zurdos que diestros. En efecto, hay un 12,5 % de zurdos entre los disléxicos, frente al 5 o 7 % de zurdos en la población general. De igual modo, hay más individuos ambidiestros o personas hábiles con las dos manos indistintamente (aunque esta noción sigue siendo polémica para los neurólogos) entre los disléxicos. En la población de los diestros disléxicos, la mayor parte tardaron bastante en establecer su dominancia manual y en acabar utilizando más una mano que la otra; pasaron mucho tiempo cogiendo el tenedor o el lápiz con cualquiera de las dos manos, indistintamente. Por lo general, a los 18 meses todo el mundo ha escogido su mano preferente para manipular, dejando la otra como una ayuda complementaria para estabilizar objetos en actividades que requieran el empleo de ambas manos. Pero muchos disléxicos tienen una lateralización atípica, por ejemplo, son diestros pero su ojo dominante es el izquierdo, y viceversa. El ojo dominante no es necesariamente el que tiene más agudeza visual, sino el ojo que trata preferencialmente la información, que llegará antes al hemisferio derecho o al izquierdo. Es el ojo con el que el cazador otea, el ojo con el que se mira por un caleidoscopio. Ahora bien, ojo y mano trabajan conjuntamente no sólo en la escritura (no se puede escribir sin mirar al papel), sino también en la lectura. El niño que lee sus primeras frases sigue el texto con su dedito (el índice derecho si es diestro o el izquierdo si el zurdo) para ayudarse. Una discordancia entre ojo y mano podría ser la responsable de dificultades en la organización espacial y, por tanto, de los problemas visoperceptuales de los disléxicos.

Los estudios genéticos relativos a la dislexia están, por tanto, estrechamente ligados a los estudios sobre la especialización hemisférica, un campo de la investigación neurocientífica que ha progresado considerablemente en los últimos tiempos. Son muchas las teorías y numerosas las investigaciones sobre el desarrollo de la especialización hemisférica y la dominancia manual que están actualmente en curso. Sus bases genéticas teóricas han sido descritas hace unos diez años por Marian Annett, quien las bautizó como Teoría del *right shift*, lo que podemos traducir como «desviación hacia la derecha». Dichas bases teóricas se interesan particularmente por la dislexia. Existiría un gen (aún no localizado) llamado «rs», que tendría dos formas (dos alelos): rs(+) y rs(–). La mayoría de los individuos serían rs(+) – rs(–), pero como la forma rs(+) es dominante, provocaría la dominancia manual derecha. Los individuos rs(–) – rs(–) no tendrían esta dominancia y tenderían a emplear la mano izquierda; a nivel cerebral, el desarrollo del hemisferio derecho se vería favorecido en detrimento de las funciones propias del hemisferio izquierdo, lo cual explicaría las dificultades que vemos en los disléxicos... y el hecho de encontrar un mayor número de zurdos, sobre todo entre los disléxicos fonológicos, mientras que la diferencia entre diestros y zurdos no se encuentra en los casos de dislexias visoperceptivas. ¡Sólo falta dar con el gen preciso!

Ser disléxico en la escuela

Los efectos de la dislexia en el aprendizaje escolar son muy serios porque la mayoría de las materias utilizan la lectoescritura para transmitir información. Tanto si se trata de problemas escritos de matemáticas, de descripción geográfica o de episodios históricos, hay que poder leer y escribir para progresar en matemáticas, geografía e historia.

Además, como hemos explicado en las anteriores páginas, el diagnóstico de la dislexia no se hace hasta que no se considera que ha habido una exposición suficiente a una enseñanza apropiada y, en el niño de primaria debe aparecer un retraso de 18 meses (si tiene menos de 9 años) a 2 años en relación con sus compañeros. Esta obligación de esperar antes de emitir un diagnóstico que sea tomado en serio se percibe como una pérdida de tiempo precioso por los padres inquietos que entienden que «no se está haciendo nada por ayudar a su hijo con problemas». Antes de describir las dificultades del niño disléxico durante la primaria, y luego en la secundaria, es interesante conocer ciertos índices que pueden dar la voz de alerta ya en la guardería, porque frecuentemente se asocian al posterior diagnóstico de la dislexia.

Signos de alerta en la educación infantil

Diversos estudios con seguimiento a largo plazo han demostrado que desde los 4 y 5 años (ésa es la edad a la que el niño acude a la guardería en América del Norte) ciertas anomalías discretas, de esas que pasan desapercibidas, pueden predecir con mucha fiabilidad la aparición de una futura dislexia. El niño suele confundir palabras cuya fonética es parecida, como «gato» y «pato»; tiene dificultad para pronunciar palabra largas o complicadas; presenta dudas en el lenguaje hablado porque su débito verbal es más lento que en el resto de los niños y da la sensación de que reflexiona sobre lo que va a decir. Le cuesta retener las canciones infantiles y no le gusta cantar con sus compañeros porque se equivoca a menudo. Los juegos de rimas lo ponen de mal humor porque no encuentra palabras que acaben de la misma manera. En algunas escuelas en las que, ante la frecuencia de problemas de aprendizaje, ponen en prácticas «juegos fonológicos» (¿en qué se convierte la palabra «pastel» si le quito «tel»?), el maestro detecta rápidamente los problemas precedentes, porque son debidos a la falta de conciencia fonológica.

En la mayoría de las clases de guardería e infantil, el niño se ve expuesto a las letras. Al principio se trata de reconocerlas, luego de aprender su nombre y su sonido, después de aprender a trazarlas. Poco a poco irá componiendo su propio nombre. Los estudios han demostrado que los disléxicos también tienen dificultades en este ámbito. Reconocer una «N» entre muchas otras letras, rodearla con un círculo e incluso nombrar «N» requiere de aptitudes que se van desarrollando durante el aprendizaje infantil. Las dificultades para realizar estas dos tareas son un excelente índice predictivo de futuros problemas de aprendizaje que aparecerán en los primeros años de primaria. Las investigaciones demuestran que el 80 % de los niños con dificultades para nombrar y reconocer las letras en la escuela infantil tendrán problemas de lectura y que, inversamente, el 75 % de los disléxicos tienen ese tipo de dificultades cuando están en educación infantil. Se han elaborado diversos test para intentar descifrar las pistas que nos anuncien problemas de aprendizaje, pero no todos los problemas de aprendizaje acaban siendo dislexia.

El disléxico durante los años de primaria

Se supone que, en el plano académico, los problemas de lectoescritura alertan a padres y maestros. Los progresos del niño disléxico son lentos y la brecha con sus compañeros aumenta progresivamente. Cuanto más tiempo pase, más le costará dominar las diferentes estrategias de lectura; se queda en el estadio de lectura alfabética mientras los demás están en la fase ortográfica. Sufre para leer palabras nuevas o poco familiares y esas partículas de unión (un, el, de…) porque no se puede hacer una imagen mental de ellas. Abundan las confusiones espaciales (b-d, p-q, u-n, a-o) o las fonéticas (b-p, z-c-s) que han aparecido a muy temprana edad y no se corrigen solas. Sin embargo, no todos los niños con estos síntomas son disléxicos, aunque lo parezcan. Leer en voz alta se convierte en un martirio para el niño: duda continuamente, comete errores, se atrabanca; los otros niños se burlan de él y el maestro le riñe. En poco tiempo odia la escuela y se niega a leer.

Paralelamente a la lectura, se encuentra con el drama de la escritura. La dificultad para dominar las estrategias ortográficas de lectura tiene un impacto directo en la capacidad para escribir correctamente, incluso palabras corrientes. Al hacer los deberes por la tarde, el pequeño disléxico compensa sus carencias memorizando la forma correcta de escribir las palabras, «fotografiándolas». Cuando la mamá le ayuda con el dictado, es capaz de escribir correctamente porque la imagen de la palabra está reciente en su cabeza. Pero al día siguiente, cuando tiene que hacer el dictado en la escuela, las palabras memorizadas se han borrado para dar paso a todas las que ha visto sin querer en la tele, en los videojuegos, etc., y ya no es capaz de escribir bien, aunque se haya preparado el dictado. Este drama es fuente de incomprensión y discordia entre el medio familiar y el escolar. El maestro interpreta que el niño no se prepara las tareas y se queja a los padres, que se sienten criticados en su rol paterno. Va creciendo el sentimiento de injusticia percibido por el niño, que ha estudiado más que sus compañeros. Al final lo califican de gandul, de irresponsable y de viva la vida.

En las dislexias visoperceptivas, se constatan serios problemas de caligrafía, incluso sin que medien anomalías de motricidad fina. El disléxico perceptual escribe mal, no parece ver las líneas horizontales sobre las que debería escribir las palabras, tampoco repara en los márgenes y las líneas son de todo menos rectas. Todos sus trabajos tienen un aspecto «sucio» que le suponen broncas y malas notas. Volvemos a los problemas de orientación espacial de las letras (p-b-q-d); estas confusiones se dan siempre en este tipo de dislexia pero los maestros insisten en quitarles importancia en los primeros años de aprendizaje de la escritura.

El impacto de la dislexia en el aprendizaje de las matemáticas es completamente real. Si, tras el primer año de primaria, el niño ha conseguido dejar de escribir las cifras en espejo, entonces la disposición de los números, para efectuar las operaciones, se convierte en un problema grave para poder efectuar las operaciones, siempre en los casos de dislexias perceptivas o mixtas. La comprensión de la geometría, sobre todo en lo relativo a las funciones de simetría (completar la mitad de un dibujo, por ejemplo) y en el conocimiento de los volúmenes y su representación en dos dimensiones (cómo dibujar un cubo, cómo desarrollarlo), es complicada para ellos. Pero la resolución de problemas es una fuente de sufrimiento y fracaso para todo tipo de disléxicos. Algunos pueden llegar a dominar bien las abstracciones y los conceptos matemáticos, pueden aprender a sumar, restar, multiplicar y dividir, pero aplicar dichas nociones a los problemas para hallar la solución es muy complicado. En efecto, antes de tratar las informaciones de un modo matemático (en su hemisferio derecho), tienen que leer y comprender los enunciados (con el hemisferio izquierdo). El menor error de descodificación puede cambiar el sentido de un dato y la lentitud de pensamiento quita tiempo para los cálculos mentales; entre una cosa y otra, acaban perdiéndose en el problema. Aunque las aptitudes matemáticas de los disléxicos suelen ser normales o superiores a la media –como veremos en el capítulo 6–, ven bajar sus notas en el último ciclo de primaria, justo cuando los textos forman parte integrante de esta materia escolar.

Más allá de las repercusiones sobre la lectoescritura, la dislexia tiene consecuencias en el conjunto del aprendizaje. La adquisición de conocimientos sobre historia, ciencias naturales o geografía pasan todas por la lectura y la verificación de datos, mediante la escritura. Sin ayudas, cuanto más progresa en la primaria más retrasos acumula en todas las materias. Algunos de ellos aprenden a compensar, mediante su potencial intelectual superior a la media o a su propia curiosidad por algunos temas, gracias a lo cual encuentran formas alternativas de adquirir conocimientos a través de vídeos, televisión, películas, documentales e Internet, más que en la escuela. Pero, de no ser así, los disléxicos acaban la primaria con un vocabulario inferior al de sus compañeros normolectores y un nivel de conocimientos generales menos elevado.

Es del todo imposible hablar de la dislexia en niños de primaria sin evocar sus repercusiones psicológicas. El niño disléxico se ve diariamente enfrentado a un medio escolar en el que se siente excluido, incomprendido y fracasado. Cuanto más trabaja, más esfuerzos se le exigen para seguir el ritmo de aprendizaje de los demás, con lo que aumenta la sensación de no avanzar porque, poco a poco, se va agrandando la brecha que lo separa de sus colegas. Aparece entonces el sentimiento de injusticia porque sabe que emplea mucho más tiempo estudiando y trabajando que los demás pero sus notas son peores; su tutor no le cree cuando explica que no lo consigue por mucho que lo intente y lo acusa de descuidado o de perezoso. Cuando el maestro constata la existencia real de un problema, lo envía al psicólogo y para entonces el niño ya ha sufrido más de lo deseable. Cuando tiene que abandonar el aula para ir a «refuerzo», siente que entra a formar parte de los «tochos», de los inútiles. Entonces se dice que no merece la pena esforzarse porque, haga lo que haga, fracasará. El niño abandona. La desconexión escolar puede empezar en primaria.

Sin embargo, el sentimiento de incomprensión no está sólo en la escuela. Muchos padres (a menos que ellos mismos sean disléxicos) tienen dificultades para diferenciar la dislexia de una mera dificultad de aprendizaje de la lectoescritura o del desinterés por la vida académica. Se arriesgan a insistir demasiado y a exigir más de lo posible. Como los padres notan que leer le resulta un problema, se les ocurre imponer la lectura intensiva: las noches se convierten en batallas campales donde todos salen perdiendo, el padre exhausto y el niño amargado. Las repercusiones de la dislexia van más allá del ámbito escolar. El pequeño ve con tristeza que no responde a las expectativas de sus padres y piensa que van a dejar de quererlo. Los padres, por su parte, se sienten culpables por no saber cómo ayudar a su hijo y se sienten incompetentes y llevan mal los comentarios de los maestros, que exigen más y más a su hijo. A pesar de todo, la gran mayoría de los disléxicos acceden a secundaria y se enfrentan a nuevos desafíos.

El disléxico durante los años de secundaria

En el instituto, las repercusiones de la dislexia se manifiestan de otro modo. El aprendizaje de lenguas extranjeras puede ser una parte ardua para el adolescente disléxico. Si no tiene bastante con conseguir un dominio mínimo de su lengua materna, debe bregar con diferentes lenguas a un nivel avanzado. Tiene que trabajar nuevamente su conciencia fonológica y las estrategias ortográficas. Seguramente ha acabado la primaria con muy buenos progresos pero enfrentarse a una lengua distinta es un nuevo reto, con fenómenos diferentes y nuevas correspondencias grafema-fonema; cualquier lengua nueva presenta un código diferente que hay que aprender. Comparando el castellano con el inglés, por ejemplo, vemos la necesidad de reconstruir un repertorio fonológico y un cuaderno visoperceptual diferente, incluso totalmente distinto. Empezando por el nombre de las letras («j» y «g», «e» e «i») y acabando por las correspondencias entre grafemas y fonemas: «a» se lee [a] en castellano pero se lee [e] en inglés, «the» se lee [te] en castellano pero [ze] en inglés. Es este aspecto del aprendizaje de una lengua extranjera el más problemático, así como la necesidad de construir un nuevo código grafofonético, cuando aún no se domina la propia lengua materna. Algunos padres insisten en que sus hijos disléxicos sean dispensados de estudiar otros idiomas o bien que sus notas no se incluyan en la media para obtener el título. Pero los ministerios de educación suelen ser reticentes a tales dispensas.

La lectura en voz alta deja de ser una necesidad en la secundaria y los errores de adiciones, omisiones e inversiones se van corrigiendo solos con el tiempo y el esfuerzo, aunque la lectura pueda seguir siendo lenta y comportar fatiga cognitiva. Las dificultades de automatización ralentizan el ritmo de la lectura y ése acaba siendo el objetivo principal, en lugar de serlo la adquisición de información. Toda la energía del adolescente disléxico se invierte en la descodificación de lo que lee y no en la apropiación de contenidos. Por eso necesita mucho más tiempo para estudiar y nunca acaba los exámenes. Hay quien opina que el control de conocimientos a través de exámenes tipo test sería mucho más adecuado para los disléxicos, que no el arduo desarrollo de textos escritos. Si el aspecto de la disgrafía y disortografía es un problema, la lectura de los enunciados, con términos muy precisos, sigue siendo un hándicap para el disléxico. La solución más aceptable sería dar más tiempo a los disléxicos. Añadir un tiempo suplementario para los exámenes y las tareas cotidianas es una medida necesaria, poco contemplada y sobre la que volveremos en esta obra.

Las dificultades ortográficas son elementos mayores de la dislexia que persisten en la secundaria. La tolerancia de los profesores es buena cuando reciben un diagnóstico de dislexia, el problema radica en que acepten el diagnóstico, extremo harto difícil en muchos casos, y tanto si lo aceptan como si no, cuando insisten en restar puntos por cada falta ortográfica. Hay que tener en cuenta que, en secundaria, el vocabulario de todas las materias deja de ser general y se convierte en especializado, muy específico de cada asignatura: geografía, biología, física, química, etc. Ortografía, significación y utilización de un nuevo vocabulario denso y especializado son un desafío para el adolescente disléxico, que se enfrenta con palabras que jamás usa en su vida privada. Así que el estrato-cúmulo de geografía, la amilasa salival de biológicas o la sinusoide de física, no forman parte del vocabulario común de la familia y los amigos… Ni se oyen, ni se repiten ni se practican suficientemente como para ser integradas en el repertorio ortográfico del disléxico.

Como durante la primaria, los problemas psicológicos suelen estar presentes. La adolescencia es un período de búsqueda de identidad que suele pasar por la adhesión al grupo y la identificación con él, en contraposición a la familia que, en la infancia, es el punto de referencia por antonomasia. En este momento de su vida, el disléxico debe cumplir las expectativas por su cuenta y debe aprender a gestionar las consecuencias de sus problemas de aprendizaje. Tiene que continuar trabajando aún más fuerte para sacarse los cursos, en detrimento de actividades extraescolares y su imagen pública pierde bastantes puntos. En ocasiones es señalado con el dedo como un cretino y puede llegar a ser ridiculizado. En este frágil momento de su vida, es posible que se revele por los años sufridos durante la primaria y contra lo que considera la incomprensión de sus padres y profesores, puede que acabe queriéndose dar por vencido y empiece a pasar de los estudios o a dejarlos por completo. Las notas bajan, empieza el absentismo escolar, tiene problemas de comportamiento y una actitud negativa. A veces, el fracaso no es voluntario, sino debido a la sobrecarga de trabajo que hace que el adolescente se sienta totalmente incapaz de asumir tanta cantidad sin ayuda.

Ser disléxico en la edad adulta

El lenguaje escrito está presente en todas partes en la vida cotidiana, no sólo en la escuela. Desde el modo de empleo de la cafetera eléctrica a los carteles de señalización que indican el camino a recorrer, la información de interés en un aeropuerto, los periódicos y todo lo necesario para funcionar adecuadamente en el mundo. La llegada de los ordenadores y de Internet, lejos de apartarnos de la lectura, ha fomentado de manera exponencial la cantidad de información accesible. De hecho, no ser capaz de leer bien en una sociedad industrializada e informatizada es un problema real. ¿Cómo aborda las exigencias profesionales el joven disléxico, después de haber pasado por un martirio en su vida académica?

Evidentemente, la cantidad de síntomas que persistan en la edad adulta dependerá de la reeducación que se haya efectuado durante la escolarización. De manera general, solo o con ayuda de otros, la mayoría de los adultos disléxicos consiguen un dominio de la lectoescritura lo bastante bueno como para ser perfectamente funcionales en la vida cotidiana. Siempre harán alguna inversión u omitirán alguna letra, pero pueden disfrutar del placer de la lectura como cualquier otra persona. Muchos disléxicos orientan su actividad profesional hacia carreras que no exijan demasiada lectoescritura: mejor ingeniero que notario, mejor chef que secretario, mejor médico que tipógrafo. En la edad adulta, las circunstancias en las que la dislexia resulta desgarradora son pocas o nulas, así como su impacto emocional. En algunos casos de dislexias muy severas, quizás resulte problemática para el progreso profesional, interfiriendo en actividades de formación continuada que mantienen, de hecho, un «lado escolar» destacable.

Es particularmente interesante señalar que la mayor parte de estudios recientes basados en imágenes médicas y enfocados a conocer mejor la dislexia tienen lugar con adultos. Los límites éticos de técnicas como la tomografía por emisión de positrones (TEP), descritos en el capítulo 1, impiden que se estudie a los niños; investigadores y científicos son reticentes a exponer un órgano, y menos un cerebro en desarrollo, a campos magnéticos o a dosis, por pequeñas que sean, de sustancias radiactivas. Las anomalías de activación de diversas zonas cerebrales (occipital, temporal izquierda, parietal) se observan en adultos, lo que da fe de un funcionamiento peculiar que persiste con la edad y que afecta a la lectura, aunque los signos externos no sean tan marcados como seguramente deben serlo en la infancia o en la adolescencia.

El problema derivado de la dislexia que más persiste en la edad adulta es la disgrafía y disortografía. Aunque las anomalías de orientación en letras y números suelen desaparecer con el paso de los años y la práctica regular de la lectoescritura –también gracias al uso del ordenador–, las sustituciones fonéticas pueden persistir siempre. Pero lo que más afectado se ve es la ortografía. Adiciones, omisiones e inversiones ensucian los textos escritos con múltiples errores. En ocasiones, cuando la reeducación en la lectura ha sido incompleta y se ha centrado exclusivamente en mejorar la conciencia fonológica, la escritura ha quedado descuidada. El disléxico tiende a escribir coma habla cuando su lengua es opaca (como el francés o el catalán) y en ningún caso siente el menor respeto por las normas ortográficas, dado que no las comprende. En una sociedad donde la comunicación es tan importante y donde no todo el mundo puede contratar los servicios de empresas especializadas, escribir bien es importante. Desde la confección del propio *curriculum* para obtener un empleo hasta vender un cacharro por eBay, pasando por hacer publicidad de la propia empresa, el interés por saber escribir correctamente y el impacto de la disortografía es una molestia para la imagen y la promoción profesional del disléxico, según en qué ámbito trabaje.

Sin embargo, hay muchas circunstancias en las que la dislexia no es un obstáculo sino una ventaja. Ya hemos visto que los problemas de organización cerebral constatados en los disléxicos comportan el desarrollo de una lateralización atípica; por ejemplo, hay más zurdos entre los disléxicos. El mayor desarrollo de las funciones del hemisferio derecho favorece la excelencia en actividades visoespaciales, en matemáticas y en la música. Ciertos estudios estadísticos han demostrado, en efecto, que hay mayoría de zurdos y también de disléxicos entre los arquitectos, dibujantes, ciertos deportistas (hockey, golf…) y en todas aquellas actividades que requieran de habilidades visoperceptivas. También abundan los disléxicos entre los matemáticos y los físicos, dado que el cálculo es tarea esencial del hemisferio derecho. Ejemplos de disléxicos célebres son: Auguste Rodin, Leonardo da Vinci, Walt Disney, Albert Einstein…

Pero recordemos que antes de conseguir la excelencia, el joven Albert Einstein tuvo enormes dificultades en la escuela. La dislexia es, en efecto, un problema específico de aprendizaje y debe ser diferenciada de las múltiples condiciones que pueden perturbar las distintas etapas de la escolarización.

Éste será el tema del próximo capítulo.

Capítulo 6

La dislexia
y los problemas de aprendizaje

Todas las disciplinas que se ocupan de los problemas de aprendizaje han propuesto numerosas clasificaciones y variopintas opiniones, defendidas en ocasiones con decidida pasión y un cierto espíritu territorial. Los padres y los mismos disléxicos no saben cómo reaccionar ante tanto especialista y tanta teoría. Hay que subrayar que esta problemática no sólo concierne a la dislexia sino a todos los problemas de aprendizaje. Este capítulo los presenta a la luz de los conocimientos neurológicos, dado que todos necesitamos, inevitablemente ¡un cerebro para aprender!

Aprendizaje: problemas o dificultades

El aprendizaje se define como el conjunto de procesos que permiten la adquisición de conocimientos o de comportamientos bajo el efecto de la interacción con el entorno. Aprendemos a hablar, a ser educados, a leer, a tocar el piano, a no hablar en voz alta cuando se proyecta una película en el cine. Si tal proceso requiere de manera imperativa de la presencia de un individuo que nos enseñe un conjunto de conocimientos o un sistema de comportamiento aceptados por la sociedad donde se vive, el objetivo último de todo aprendizaje es la apropiación de tales conocimientos o comportamientos. Una vez sabemos hablar o ir en bici, ya no necesitamos que nadie nos enseñe, ya lo hemos aprendido. Cuando hemos aprendido que hablar en voz alta en el cine o ir desnudo por la calle es inaceptable en nuestra sociedad, no hay necesidad de que nos lo vayan repitiendo.

No sólo la apropiación de conocimientos y comportamientos nos permite ser autónomos a ojos de los demás, también la automatización que la acompaña es la que garantiza un funcionamiento eficaz. Cuando ya no tenemos necesidad de concentrarnos para mantener el equilibrio en la bici, apoyando alternativamente los pies en cada pedal, somos libres para admirar el paisaje a lo largo del camino o para prestar atención a los coches que nos adelantan cuando vamos por la ciudad. Del mismo modo, cuando dominamos las estrategias de lectura y escritura, nuestro cerebro está disponible para memorizar la información leída o para componer un hermoso texto.

El aprendizaje depende mucho de la valoración personal que lo acompaña. Se aprende por algo o por alguien. El niño empieza aprendiendo para satisfacer a sus padres, u otros adultos significativos como profesores, de los que espera demostraciones de aprobación y afecto que lo animen a perseverar y seguir aprendiendo. Más tarde se da cuenta de que del aprendizaje puede sacar beneficios personales: leer libros sobre dinosaurios, que le apasionan, marcar goles jugando al fútbol y ser el héroe de su equipo o entrar en el instituto con opción a música, que le permitirá, quizá, ser miembro de un grupo de rock. Realistas o ilusos, estos elementos de motivación interior resultan indispensables para querer aprender. Hay poca gente que aprenda por el placer mismo de aprender y acumular conocimientos que ni siquiera va a necesitar.

Sin embargo, el niño que aprende puede encontrarse con un camino lleno de obstáculos. Los problemas de aprendizaje son dificultades persistentes que afectan a la percepción, al análisis, a la retención, a la comprensión, a la organización y a la utilización de las informaciones necesarias para que se produzca el aprendizaje. La clasificación de los problemas de aprendizaje no es uniforme y varía tanto de un país a otro como en el interior mismo de cada país, según haya sido establecida por un pedagogo, un neuropsicólogo o un neuropsiquiatra. El cuadro 6.1 presenta una clasificación práctica de problemas de aprendizaje basada en sus causas y sus mecanismos. En los próximos párrafos, estudiaremos en detalle los problemas específicos del aprendizaje, de los cuales forma parte la dislexia y los problemas de aprendizaje secundarios.

En cuanto a las dificultades de aprendizaje no específicas representan, de hecho, el conjunto de dificultades que experimenta un niño sin que sean dificultades cognitivas propiamente dichas. Puede tratarse de anomalías en algún órgano sensorial. La ceguera implica el uso de métodos de aprendizaje particulares, utilizando mucho la audición, además de un sistema de escritura adaptado –el Braille– que puede leerse

---

CUADRO 6.1
Clasificación práctica de los problemas de aprendizaje

1. Problemas específicos de aprendizaje (TSA)
   Afectan a una esfera particular del aprendizaje:
   • Dislexia: problemas de lectura
   • Disortografía: problemas de escritura
   • Discalculia: problemas de cálculo

2. Problemas secundarios de aprendizaje
   Debidos a una disfunción cognitiva subyacente:
   • Disfasia
   • Dispraxia
   • Síndrome de disfunción no verbal (SDNV)
   • Trastorno general de desarrollo (TGD)
   • Trastorno por déficit de atención e hiperactividad (TDAH)
   • Deficiencia intelectual

3. Dificultades de aprendizaje no específicas
   Debidas a problemas orgánicos o psicológicos que interfieren en el aprendizaje:
   • Anomalías sensoriales (problemas de visión o de audición)
   • Maltrato y carencias afectivas
   • Contexto sociocultural y ético desfavorable
   • Enfermedades crónicas

---

gracias a la percepción táctil. La sordera total se acompaña de problemas para el aprendizaje de la lectoescritura, porque sus fases preparatorias, descritas en el capítulo 3, no se pueden efectuar adecuadamente. Muchos de estos problemas pueden disminuir con implantes cocleares, cuya colocación precoz mejora el pronóstico de escolarización. De hecho, sobre todo cuando los déficits sensoriales son parciales tienen un mayor impacto en el aprendizaje porque pueden pasar desapercibidos e interferir durante meses, incluso años, en la adquisición de las bases de la lectoescritura. Una miopía no diagnosticada impide ver correctamente lo que se escribe en la pizarra; una sordera que aparece tras otitis recurrentes, a corta edad, altera el desarrollo normal de la conciencia fonológica; por tanto, deben ser descartadas en el momento que un niño presenta problemas de aprendizaje en la educación primaria. Por fortuna, en la mayoría de los casos la misma escuela detecta esos pequeños problemas sensoriales y llamará la atención de los padres porque dichos déficits son menos evidentes en las actividades de la vida cotidiana.

No obstante, la escuela no sabe lo que pasa en casa. El maltrato y las carencias afectivas tienen importantes repercusiones, completamente insospechadas, en el aprendizaje. Si la violencia física, con su cortejo de fracturas reiteradas, de arañazos y moratones es, generalmente, detectable, la violencia psicológica es muy difícil de descubrir. Un niño víctima de la indiferencia, del rechazo, del desprecio, no tendrá muchas posibilidades de progresar en el aprendizaje. La negligencia puede ser también física cuando las necesidades alimenticias no se satisfacen. Un niño que tiene hambre cuando llega al cole por la mañana no puede aprender correctamente. Las escuelas ubicadas en barrios desfavorecidos suelen tener programas de ayuda alimentaria que permiten hacerse cargo de las carencias de sus alumnos. Por desgracia, pobreza y negligencia están por todas partes.

La existencia de enfermedades crónicas también puede interferir en el aprendizaje. El absentismo a causa de crisis frecuentes de asma o de dificultades en el control de una diabetes, las hospitalizaciones recurrentes para corregir malformaciones cardíacas u óseas congénitas, o para tratar una leucemia, tendrán un evidente impacto en la progresión del aprendizaje. Incluso teniendo en cuenta que muchos hospitales pediátricos ofrecen a sus pequeños pacientes la posibilidad de acceder a contenidos educativos, es evidente que para esos niños enfermos la preocupación principal es su salud, sus tratamientos y sus analíticas, no aprender a sumar.

Más allá de lo que el niño viva en su medio familiar, el contexto sociocultural es igualmente importante porque muchas escuelas de las grandes ciudades del mundo occidental reciben alumnos de etnias y culturas diferentes. Los valores de esas distintas poblaciones no coinciden necesariamente con los del medio escolar. Hay casos en los que la educación de las niñas se considera superflua, cuando no inútil, y los resultados obtenidos por las chicas no son valorados por buenos que sean, lo que acaba provocando el desinterés de las mismas. Por otra parte, algunas bases exclusivamente religiosas en educación no permiten a los niños adquirir un nivel de conocimientos generales comparable a los demás y suelen fracasar en las evaluaciones estandarizadas, adaptadas a la población local (como el bachillerato, por ejemplo). No tiene por qué haber problemas de aprendizaje pero, en estos casos, hay una inadecuación entre los valores personales y los valores sociales vehiculados por la escuela.

A veces son los mismos maestros los que no consiguen ofrecer las estrategias de aprendizaje adecuadas. No vamos a entrar aquí en polémicas que afectan a numerosos países sobre sus sistemas educativos, ni vamos a pronunciarnos sobre las múltiples reformas educativas de los diferentes gobiernos que van llegando al poder, a menudo sin que su impacto sea valorado. Pero podemos decir que, en los últimos cincuenta años, han ido floreciendo escuelas con proyectos pedagógicos peculiares, en los que el modo de aprendizaje es individual y adaptable al ritmo de cada niño, sobre todo en escuelas orientadas al retorno a lo natural o a las competencias artísticas. Las adquisiciones «académicas», como la lectura, la escritura o las matemáticas, no tienen prioridad y se abordan de forma indirecta. Estas escuelas alternativas tienen estrategias de aprendizaje adaptadas a sus alumnos y se corresponden con los valores educativos de sus padres. Pero, cuando se evalúa a los niños con pruebas estandarizadas adecuadas a su edad, suelen demostrar resultados insuficientes.

Antes de hablar de dislexia, habrá que asegurarse de que las condiciones de vida del niño ofrecen un entorno en el que puede dedicarse a aprender y que la escuela le proporcione una enseñanza adecuada para la consecución de los objetivos esperados.

Disortografía

La disortografía consiste en un problema de expresión escrita, que se describe en obras de referencia como el DSM-IV-TR del que hablamos en el capítulo 1, o también se considera un problema específico de la ortografía en la clasificación de enfermedades del Organización Mundial de la Salud (OMS). Se trata de la incapacidad para desarrollar el conocimiento y el dominio adecuado del código de escritura, del alfabeto y de las reglas de gramática y sintaxis. De hecho, la disortografía no sólo perturba la ortografía, sino el conjunto de reglas que gestionan el uso del lenguaje escrito.

Escribir un texto, tanto si es dictado como si se inventa, creado en forma de composición escrita, por ejemplo, necesita del uso de un complejo conjunto de reglas que constituyen las convenciones utilizadas en una lengua determinada. El cuadro 6.2 los resume.

Cuando se trata de un texto propio, hay que añadir la capacidad de organización de las ideas en un orden lógico, así como el dominio de las convenciones que están asociadas: párrafos, saltos de línea…

El desarrollo de competencias en ortografía sigue al de las competencias de lectura. Vimos en el capítulo 4 que la adquisición de la lectura, según U. Frith, pasa por tres fases: logográfico, alfabético y ortográfico. Es, esencialmente, en el curso de los dos últimos cuando se adquieren las competencias en ortografía. La fase alfabética se acompaña con el aprendizaje del trazado de las letras y las diversas formas que pueden adoptar (mayúsculas, minúsculas, cursivas…). La fase ortográfica permite constituir y conservar en la memoria un «léxico ortográfico» que almacena la forma de las palabras. En el caso del aprendizaje de la escri-

CUADRO 6.2
Habilidades y conocimientos a dominar para escribir un texto en castellano

1. La caligrafía
   - Conocer la forma de las letras
   - Poderlas escribir (motricidad fina)

2. La ortografía de uso
   - Las palabras corrientes
   - Sus reglas de transformación (palabras irregulares, contracciones...)
   - La concertación
     - de género (masculino/femenino)
     - de número (singular/plural)
   - Las conjugaciones

3. La sintaxis
   - El orden de las palabras en la frase
   - Uso de la puntuación y las mayúsculas
   - Uso de conjunciones y proposiciones para unir los elementos de una frase

tura más que en el de la lectura, no se puede hablar propiamente de una sucesión en el tiempo formada por dos fases. En la escritura se desarrollan casi simultáneamente y una refuerza a la otra. En lenguas opacas como el francés, la repetición y la práctica regular resultan indispensables para acumular la cantidad de información necesaria. Finalmente, hay que recordar que el aprendizaje de la ortografía es un proceso de largo recorrido. Empieza, evidentemente, a nivel de la escuela primaria, donde se construye la base sobre la que se levantarán los futuros desarrollos, particularmente con el aumento del vocabulario con palabras correspondientes a campos de conocimiento variados (matemáticas, filosofía, geografía...). En la edad adulta, se añade el vocabulario específico relacionado con el trabajo, como los términos técnicos en medicina, los de la mecánica del automóvil, los del derecho o los de la física nuclear. En una lengua tan compleja como puede ser el francés, pocos adultos pueden enorgullecerse de saber escribir correctamente las 87.000 palabras que figuran en el diccionario *Larousse*, o de poder escribir sin faltas los célebres dictados de Bernard Pivot.

Leer y escribir están, pues, íntimamente ligados en el curso del aprendizaje. La figura 6.1 presenta una visión simplificada de datos neuropsicológicos actuales sobre los procesos implicados en la lectura y la escritura. Vemos que la atención es extremadamente importante para permitir la transferencia exacta de informaciones de léxico fonológico al léxico ortográfico. La memoria de trabajo (*véase* el capítulo 3) permite la manipulación rápida de datos, mientras que la memoria a largo plazo permite acceder a datos ya registrados o añadir otros nuevos.

La disortografía suele asociarse a la dislexia en una misma persona. Es, sin embargo, interesante señalar que los errores de lectura y de escritura no son forzosamente los mismos, lo cual no sorprende porque las estrategias utilizadas para leer y para escribir son diferentes (*véase* la figura 6.1).

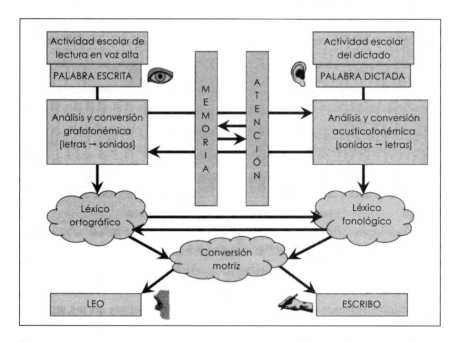

Figura 6.1

Procesos implicados en la lectura en voz alta y en la escritura de una palabra dictada. © E. Pannetier 2009

La disortografía está constantemente presente en el caso de una dislexia visoperceptual, probablemente porque el déficit predominante reside en el reconocimiento de la forma visual de las palabras. En el caso de las dislexias fonológicas, también es frecuente porque la escritura se hace «según lo que se oye». En efecto, todo ocurre como si hubiera una disociación entre las estrategias alfabéticas y ortográficas; la escritura se hace utilizando una estrategia alfabética, a menudo inapropiada, particularmente cuando se trata de escribir palabras irregulares. Sin embargo, en situación de escritura espontánea, como pasa durante la redacción de una composición escrita, el niño con dislexia fonológica utiliza mucho la vía semántica (*véase* el capítulo 5) y evita un cierto número de faltas ortográficas, empleando sinónimos cuando no tiene clara la ortografía de una palabra. El texto escrito comporta, pues, un vocabulario poco variado para que el número de faltas ortográficas disminuya.

Los problemas de expresión escrita pueden existir sin que medie ninguna dislexia. La disortografía de desarrollo es un diagnóstico poco habitual, básicamente porque las herramientas estandarizadas de evaluación de la ortografía están mucho menos desarrolladas que las utilizadas para la lectura y el cálculo. Lo que está claro es que, para hablar de disortografía, tiene que haber una perturbación de la escritura más importante que las simples faltas de ortografía. Debe asociarse a dificultades con el uso de reglas gramaticales, particularmente en la conjugación de verbos, así como con la sintaxis y la organización del texto (sucesión lógica de ideas, párrafos bien construidos). La dificultad para el diagnóstico de la disortografía también reside en el hecho de que escribir correctamente exige la movilización de un gran número de funciones cognitivas, entre las cuales destacan la atención y la memoria. Muchos errores pueden explicarse fácilmente por un déficit de atención (como el olvido de las «s» en los plurales), por impulsividad (falta de verificación después de haber escrito) o por una memorización visual insuficiente (falta de repeticiones y falta de estudio de las palabras del vocabulario nuevo). Una vez se han eliminado las causas de las faltas ortográficas y tras haberse asegurado de que no hay una dislexia mediante una evaluación apropiada, entonces podemos hablar de disortografía y se podrá iniciar la reeducación esencialmente ortopedagógica y ortofónica.

Discalculia

La discalculia es una dificultad persistente para comprender y utilizar las diferentes funciones que permiten el cálculo.

Puede afectar tanto al reconocimiento del valor simbólico del número como a la memorización de los algoritmos (tablas de multiplicar, por ejemplo) o al razonamiento matemático. En este punto tampoco tienen una visión uniforme los pedagogos, psicólogos o neurólogos. Si observamos la definición de discalculia que nos da la OMS en su clasificación de enfermedades, vemos que habla de «problemas específicos de la aritmética» que producen retrasos significativos en las aptitudes para el cálculo, en relación a los niños de la misma edad y el mismo nivel académico. Los niños con deficiencias intelectuales (cociente inferior a 70) y los que tienen dificultades significativas en la lectoescritura están excluidos de esta definición; en este sentido, para la OMS, no se puede ser disléxico y discalcúlico al mismo tiempo; para la OMS, la misma dislexia comporta dificultades de cálculo. Esta visión está lejos de ser compartida por todos, como se refleja en la definición del DSM-IV, ampliamente utilizada en América. En ella se describe la discalculia de manera amplia, indicando que las aptitudes en matemáticas evaluadas por test estandarizados, pasados de forma individual, están claramente por debajo del nivel esperado para la edad y el nivel intelectual del individuo y que tales dificultades persisten aún con una enseñanza apropiada a sus dificultades.

Como pasa con la ortografía, el cálculo requiere de la adquisición de diversas habilidades y competencias, en el curso del aprendizaje. Éstas se resumen en el cuadro 6.3.

Cuadro 6.3
Conocimientos a dominar para calcular

1. La noción de cantidad
   - Cifras y números
   - Valores relativos: más grande, más pequeño

2. El lenguaje matemático
   - La sintaxis de los números: cinco mil (5.000) versus mil cinco (1.005)
   - La escritura de los números: «ciento veinticuatro»
     se escribe 124 y no 100.204
   - Los símbolos utilizados: +, −, ×, ÷, etc.

3. La organización visoespacial
   - Los símbolos orientados: >, <
   - La disposición de las operaciones:

$$+\frac{\begin{array}{r}123\\456\end{array}}{579} \quad \text{y no} \quad +\frac{\begin{array}{r}123\\456\end{array}}{1686}$$

4. La memorización de los algoritmos
   - Tablas de multiplicar
   - Fórmulas matemáticas

5. El razonamiento matemático
   - Los procesos lógicos
   - La deducción

Para calcular, primero hay que ser capaces de concebir la noción de cantidad y atribuirle un símbolo constituido por cifras, para las pequeñas cantidades, y números cuando hay objetos. Después, es indispensable saber comparar las cantidades representadas mediante cifras o números a fin de adquirir las nociones de más grande y más pequeño. Luego es primordial dominar el aspecto lingüístico de las matemáticas. Cifras y números tienen un nombre, y las palabras que componen dicho nombre obedecen a las reglas de la sintaxis; en el sistema decimal que nosotros utilizamos, la posición de la cifra dentro del número representa la cantidad: escribiendo 5.000 estoy diciendo que hay cinco millares; pero cuando escribo 1.005, estoy diciendo que hay un millar y cinco unidades. Si pronuncio o escribo las palabras correspondientes, ya sea cinco mil o mil cinco, sólo el orden de las palabras permite, al mismo tiempo, escribir ambos números y representar mentalmente las cantidades que estoy nombrando. Además, el cerebro debe asegurarse de la «traducción» del lenguaje matemático en su representación en cifras, lo cual efectúa transfiriendo la información verbal (tratada por el hemisferio izquierdo) en información matemática (tratada por el hemisferio derecho): ciento veinticuatro se escribe 124 y no 100.204. El lenguaje matemático incluye el empleo de símbolos que indican la utilización que debe hacerse de los números: $+$, $-$, $\times$, $\div$, $\sqrt{\ }$, son algunos ejemplos.

Si bien el aspecto lingüístico de las matemáticas es muy importante, la manipulación de los números comprende también un aspecto visoespacial. Diversos símbolos están orientados y muchos niños pueden confundirlos si tienen dificultades para organizar el espacio. Es el caso del símbolo «más grande que», representado por > y «más pequeño que», representado por <; también es el caso de + y x, siendo el signo de multiplicar una simple rotación del signo de sumar. Pero es, sobre todo, en la realización de operaciones matemáticas cuando la organización visoespacial resulta fundamental. El cuadro 6.3 ofrece el ejemplo más simple, el de la suma. Escribir una suma requiere de la comprensión de la estructura de un número (unidades, decenas, centenas), luego disponer los números que se van a sumar por columnas, respetando la estructura. La mayoría de cuadernos utilizan hojas con rayas horizontales… pero no suele haber líneas verticales o cuadrículas que ayuden a los niños a alinear los números correctamente. Incluso si se ha aprendido de memoria unas tablas de sumar, no podrá obtener el resultado correcto si la organización espacial de la suma no es la adecuada. Además, si la lectura se hace de izquierda a derecha, las operaciones matemáticas se hacen de derecha a izquierda, empezando siempre por las unidades. Esta peculiaridad es todo un desafío para los niños con problemas de lateralidad.

La manipulación de números necesita del conocimiento de las reglas que los rigen. Solicita ampliamente la memoria. La memoria a largo plazo permite retener los algoritmos, como las tablas de multiplicar, que son indispensables para las divisiones, por ejemplo. Cuando el niño madura y progresa en el plano escolar, también tendrá que memorizar fórmulas matemáticas que aplicará a la resolución de problemas, ya sea en álgebra, para el desarrollo de los polinomios, como $(a + b)^2 = a^2 + b^2$, o en geometría (el cuadrado de la hipotenusa es igual al cuadrado de la suma de los cuadrados de los lados del ángulo recto de un triángulo rectángulo). La memoria de trabajo (*véase* capítulo 3) permite la realización de operaciones y es ampliamente responsable de la buena calidad de los procesos de atención. Otras funciones cognitivas se ven igualmente implicadas, como las capacidades de deducción, de planificación y de lógica. Lenguaje, organización visoespacial, memoria y atención son, por tanto, indispensables para el aprendizaje de las matemáticas.

Habida cuenta de todo esto, no es de extrañar que los disléxicos tengan dificultades con el cálculo. Es lo más frecuente en dislexias visoperceptuales, donde la actividad matemática se ve perturbada desde el inicio de la primaria, pues el niño tiene graves dificultades con la utilización de símbolos como > y < y la realización de operaciones básicas como sumar o multiplicar. El uso de la calculadora puede compensar dicho déficit, así como las estrategias desarrolladas en pedagogía o en ergoterapia para mejorar la lateralización y la organización del espacio en los cuadernos de trabajo. Las dislexias fonológicas se acompañan de otros tipos de dificultades, predominantes, en general, en el plano de la resolución de problemas escritos. En efecto, los errores de descodificación provocan la mala comprensión de los enunciados. El déficit de la memoria de trabajo, a menudo presente, y los problemas con la memoria auditivo-secuencial, explican las dificultades, ocasionalmente muy serias, que los niños con este tipo de dislexia sufren para recordar algoritmos como las tablas de multiplicar, por ejemplo. No es raro que estos niños acaben la primaria sabiendo sólo las tablas sencillas como la del 2, del 5 o del 10.

Si las dificultades con las matemáticas, en grado variable, suelen ser observadas en los disléxicos, la discalculia puede existir aisladamente.

Su prevalencia es difícil de establecer pero podría afectar del 2 al 6 % de la población. Contrariamente a lo que podríamos creer, afecta tanto a los niños como a las niñas y se asocia, en un 25 % de los casos, al trastorno por déficit de atención con hiperactividad (TDAH). Esta igualdad entre sexos es una especie de excepción propia de la discalculia, de entre todos los problemas de desarrollo, en que los niños se ven afectados en mayor medida, tanto si se trata de dislexia como de TDAH, de dispraxia o de disfasia. El diagnóstico de la discalculia se basa en la constatación de varios tipos de errores:

- *Errores de comprensión de los números:* que provocan dificultades a la hora de reconocer el valor de una cifra según sea su posición en el número y que llevan al niño a decir, por ejemplo, que 9.000 es mayor que 23.000 porque les parece que 9 es mayor que 2.
- *Errores de memorización y de utilización de algoritmos:* el niño tiene muchas dificultades para aprenderse las tablas de multiplicar y, una vez las conoce, no sabe cómo aplicarlas, utilizándolas, por ejemplo, para hacer sumas.
- *Errores de comprensión y de utilización de estrategias matemáticas:* se trata de dificultades de comprensión verbal que afectan al lenguaje y los conceptos matemáticos que no afectan a otras áreas del lenguaje. Al contrario, en otros campos son muy eficaces y esos niños o adolescentes son bueno en lengua (tanto en lectura como en escritura).

Para hablar de discalculia de desarrollo, dichos errores deben aparecer en individuos normalmente escolarizados y que no presenten deficiencia intelectual. Si la discalculia se sospecha en la escuela, su diagnóstico formal requiere de evaluaciones precisas y elaboradas, como las que utilizan los neuropsicólogos. Las aportaciones de estos especialistas son también indispensables cuando se trata de diagnosticar cualquier dificultad de aprendizaje debida a una panoplia de problemas de desarrollo que se reagrupan bajo la denominación genérica de problemas secundarios de aprendizaje.

Problemas secundarios de aprendizaje

Acabamos de ver que la lectura, la escritura y las matemáticas implican el uso de un conjunto de funciones cognitivas complejas: lenguaje, organización visoespacial, lateralización, atención, memoria, lógica y abstracción son las más importantes. Si los problemas específicos de aprendizaje como la dislexia, la disortografía y la discalculia, resultan de anomalías en la interacción de dichas funciones, es comprensible que las dificultades persistentes en cada una de ellas tengan repercusiones en la capacidad para aprender. Sin exponer en detalle los diversos problemas de neurodesarrollo, vamos a ver sumariamente de qué manera pueden afectar a la eficacia escolar y cómo podemos diferenciarlas de la dislexia.

Las disfasias

Las disfasias son problemas de desarrollo del lenguaje para las que los logopedas, psicólogos, neuropediatras y lingüistas han propuesto diversas clasificaciones. De manera esquemática, podemos distinguir dos categorías.

- *Problemas del lenguaje expresivo:* se acompañan de dificultades para decir palabras, pronunciarlas, encontrar la palabra correcta y poder expresar una idea, construir frases y utilizar los tiempos verbales. Cuando el síntoma predominante es un problema de palabra, esto es, de articulación, algunos lo llaman dispraxia verbal. Otros niños tienen problemas para unir correctamente los sonidos que forman las palabras (los fonemas) y para respetar el orden en la frase, lo que convierte el lenguaje en algo difícil de comprender; en ese caso se habla de un problema fonológico. Más raramente, la dificultad consiste en encontrar la palabra correcta (evocación léxica), que es algo dominante y que caracteriza el síndrome léxico-sintáctico.

- *Problemas del lenguaje receptivo:* afectan al desarrollo de la comprensión del lenguaje. De hecho, se trata más bien de un problema mixto del lenguaje, de tipo receptivo-expresivo, porque es imposible expresarse de manera apropiada cuando no se está comprendiendo correctamente a los demás. Los niños afectados tienen problemas para comprender un vocabulario elemental o ciertas categorías de palabras que le dan sentido a la frase, sobre todo cuando la estructura es elaborada. Suelen tener problemas con la discriminación de los sonidos, su memorización y su organización. Hay formas suaves que pueden pasar desapercibidas o ser fácilmente confundidas con déficit de atención, incluso con problemas de audición; el entorno piensa que el niño no se entera o no presta atención, cuando el problema es que no comprende.

Muchas de las manifestaciones de la disfasia se parecen notablemente a algunas dificultades de la dislexia, ya descritas en el capítulo 5: problemas de conciencia fonológica, de acceso al léxico, de utilización de tiempos verbales. No es, por tanto, sorprendente que los problemas de desarrollo del lenguaje tengan repercusiones en el aprendizaje, particularmente con la lectura y la escritura. La diferencia entre la dislexia y la disfasia puede resultar difícil para un maestro o incluso para un profesional, si la disfasia es moderada y de tipo receptivo-expresivo. La posibilidad de que exista un problema de lenguaje como origen de dificultades escolares se tendrá en cuenta si el niño ha empezado a hablar tarde y mal, si existen otros disfásicos en la familia o si no se encuentra ninguna anomalía visoperceptiva (ausencia de letras en espejo, ausencia de saltos de línea durante la lectura…). De hecho, sólo una evaluación formal en ortofonía, en la que se analicen las características del lenguaje oral y escrito, permitirá discernir una disfasia en caso de duda. Se trata de un diagnóstico importante porque orientará la estrategia a utilizar con el niño en las estructuras escolares o paraescolares, destinada a reeducar los problemas lingüísticos específicos, dado que cualquier intervención que se limite a una simple dislexia no daría los resultados óptimos deseados a largo plazo. La evaluación psicológica o neuropsicológica, cuando sea posible, aportará datos interesantes porque el cociente intelectual verbal (CIV) suele ser significativamente menos en relación al cociente intelectual de rendimiento (CIP) en el ámbito de las disfasias.

Las dispraxias

Las dispraxias son problemas que afectan a los procesos cognitivos que permiten planificar, ejecutar y automatizar movimientos voluntarios, aprendidos, efectuados con un objetivo preciso y que permiten la interacción con el entorno. Tiene repercusiones más allá de la escuela, afecta a la vida cotidiana. El niño no puede aprender a coordinar y realizar correctamente las secuencias de movimientos necesarios para abrir el pomo de una puerta, pedalear o escribir.

Como en el caso de las disfasias, hay varios tipos de dispraxia, según sean sus síntomas predominantes:

- *Las dispraxias perceptivo-motrices*: ésta es la forma más frecuente. Las dispraxias perceptivo-motrices asocian problemas de planificación motriz con problemas perceptivos. El niño tiene dificultades para efectuar gestos simples, aprendidos, de la vida cotidiana; no consigue corregirlos cuando fracasa ni logra automatizarlos. Es torpe incluso para vestirse, para comer, para jugar a la pelota o para sostener el lápiz en la mano. Hay problemas visoperceptivos y no consigue utilizar adecuadamente las informaciones visuales para interactuar con el entorno. También le cuesta gestionar las percepciones táctiles y auditivas.
- *Las dispraxias con problemas visoespaciales predominantes*: se manifiesta esencialmente en el momento del aprendizaje de la lectoescritura, porque los problemas de planificación motriz son leves y suelen pasar desapercibidos. El niño tiene dificultad para ubicarse en el espacio que lo rodea y para organizar el espacio a su alrededor, ya sea el cajón de un pupitre o una hoja de papel.

- *Las dispraxias motrices puras*: son problemas del control y la ejecución de gestos motores, que provocan una enorme torpeza en la realización de movimientos. En general, se asocian a otros problemas neurológicos, como alguna patología motriz cerebral (como la parálisis cerebral).

Los problemas visoperceptuales y visoespaciales de los dispráxicos explican sus dificultades de aprendizaje con la lectoescritura, que se parecen bastante a los de los disléxicos visoperceptuales. En efecto, estos niños tienen dificultades para diferenciar letras parecidas como la «b», «p», «d», «q», «u», «n», así como para efectuar con los ojos los movimientos de barrido necesarios para controlar las líneas y poder leer, tal como se describe en el capítulo 3. Algunos sufren una apraxia oculomotora que se caracteriza por la imposibilidad de efectuar un barrido continuo; se saltan letras, palabras enteras o saltan de línea cuando leen. Otros sufren de disgrafía dispráxica, que es una extrema dificultad para caligrafiar las letras porque no controlan correctamente las posturas de la mano y las secuencias de movimientos finos, precisos para escribir. Los problemas en la realización motriz de la escritura, no hablamos ahora de ortografía, permiten distinguir la disgrafía de la disortografía que se asocia a la dislexia. La existencia de problemas de percepción táctil orienta hacia la dispraxia, mientras que las anomalías de percepción auditiva pueden estar presentes en ambas patologías. Por eso, una vez más, las evaluaciones neuropsicológicas son necesarias para distinguir la dislexia de la dispraxia. Exámenes específicos evaluarán los problemas visoperceptivos y la planificación motriz mostrará perturbaciones en los dispráxicos. La medida del cociente intelectual verbal (CIV) será significativamente más elevada que el cociente intelectual de rendimiento (CIP) durante la evaluación psicológica en el caso de la dispraxia.

Las dispraxias necesitan de unas estrategias específicas de reeducación de la planificación motora, que compensen los problemas visoespaciales y visoperceptuales. Es importante pensar en ello y no hablar de «dislexia» simplemente porque un niño confunde las «b» con las «d» cuando lee o porque escribe con mala letra.

El síndrome de disfunción no verbal (SDNV)

El síndrome de disfunción no verbal (SDNV) ha sido reconocido muy recientemente aunque fue descrito por primera vez en 1978 por B. P. Rourke. Es debido a dificultades de maduración del hemisferio derecho. Lo encontramos fácilmente tras lesiones cerebrales (niños que fueron muy prematuros y niños que hayan sufrido tratamientos de quimio y radioterapia), en ciertas enfermedades genéticas (síndromes de Turner y de Williams) sin causa aparente. Los neuropsicólogos, psiquiatras y neuropediatras no tienen una visión de conjunto concordante de sus causas y manifestaciones. Parece, sin embargo, que se puede describir según las siguientes características.

- *Problemas cognitivos*: los individuos afectados tienen grandes dificultades para resolver problemas no verbales, de ahí los malos resultados en matemáticas. También tienen problemas visoespaciales y visoperceptuales que predominan en la mitad izquierda de su campo visual, es decir, la que trata el hemisferio derecho. Tienen buena memoria para el material verbal a condición de que sea simple: memorizan con facilidad las canciones infantiles o los anuncios de la tele, pero cuando el texto se complica su rendimiento empeora.
- *Utilización deficiente de lenguaje*: el vocabulario es muy justo, el tono de la voz monótono, el contenido de lo que expresan es poco interesante, ocasionalmente inadecuado.
- *Dificultades en cuanto a las interacciones sociales y al comportamiento*: el síndrome de disfunción no verbal comporta una perturbación de la utilización de las normas sociales: tanto el niño como el adulto resultan poco hábiles en sus relaciones con los demás, les falta empatía, no les interesan las emociones ajenas y no saben cómo controlar las propias.
- *Signos neurológicos de alteración del funcionamiento del hemicuerpo izquierdo*: son alteraciones muy discretas, solamente detectables tras un examen neurológico preciso. Los movimientos de la mano izquierda

son torpes y descoordinados, peor de lo que se esperaría en un diestro. Ciertas formas de percepción táctil también están alteradas como la grafestesia (capacidad para reconocer una cifra o una forma escrita con la mano, teniendo los ojos cerrados).

Los problemas de aprendizaje relacionados con el síndrome de disfunción no verbal conciernen, en primer lugar, a las matemáticas, en las que el niño tiene mucha dificultad para comprender los textos de los problemas escritos y traducirlos a símbolos y a ecuaciones matemáticas. Pero también afectan a la lectura, esencialmente a la comprensión lectora, y a la escritura. El aprendizaje de la caligrafía suele ser considerablemente lento, el niño escribe luego muy lentamente y no sabe aplicar ni la ortografía ni la gramática. La diferencia con una dislexia-disortografía se establece con la evidencia de anomalías del examen neurológico (motricidad fina alterada, problemas táctiles con la mano izquierda, problemas visoespaciales de la mitad derecha del campo visual) y al problema de las interacciones sociales. Sin embargo, las repercusiones psicoafectivas que se pueden llegar a dar en un caso de dislexia implican retraimiento social, que también se da en el SDNV. La evaluación neuropsicológica es indispensable para establecer los problemas cognitivos múltiples, presentes en este síndrome, y para evaluar el cociente intelectual de rendimiento, a menudo por debajo del cociente intelectual verbal. La estrategia, tanto escolar como psicológica, es muy diferente de la que se emplea ante una dislexia, de una disortografía o de una discalculia, aunque algunas de sus manifestaciones se parezcan.

El trastorno generalizado del desarrollo (TGD)

Los trastornos generalizados del desarrollo (TGD) agrupan un conjunto de patologías que afectan, en grados variables, al conjunto del desarrollo de un niño, tanto en el ámbito lingüístico, social, afectivo, como cognitivo o sensorial. En general, los niños están más afectados que las niñas y, aunque se sospechen causas psicológicas y afectivas, su origen orgánico y biológico parece irse confirmando a la luz de los datos recientes, obtenidos con imágenes médicas. Las diferencias están, sobre todo, presentes en tres grandes esferas del desarrollo.

- *Las interacciones sociales*: el niño es incapaz de establecer relaciones normales con los demás; puede mostrarse indiferente o agresivo, por períodos. Puede presentar episodios de gritos y llantos incontrolables, que tenderán a disminuir a medida que vaya creciendo.
- *La comunicación*: el lenguaje está perturbado en grados variables, igual que la comunicación no verbal, que es la capacidad de comprender el significado y de utilizar la mímica (como levantar las cejas para indicar sorpresa), los gestos simbólicos (como la señal de la cruz o el saludo militar) o las manifestaciones externas de emociones (fruncir el ceño para mostrar enfado).
- *Los comportamientos*: son repetitivos, a menudo estereotipados, con muy pocos intereses, la utilización de objetos es inapropiada. El niño alinea infinitamente sus cochecitos pero no los hace rodar, el adolescente se interesa por los dinosaurios y por nada más en el mundo, por ejemplo.

Lo más frecuente en el trastorno generalizado del desarrollo es el autismo, que afecta a cuatro o cinco niños por cada niña autista. Los problemas con el lenguaje son muy profundos, tanto en el plano expresivo (llegando hasta el más absoluto mutismo) como en el receptivo, y afecta a la comprensión usual. Se acompaña de importantes dificultades en la comunicación no verbal. Uno de los signos precoces es la ausencia de pensamiento simbólico, el niño es incapaz de jugar «a ser tal» o a «hacer como cual». Las anomalías de motricidad también están presentes, particularmente en la motricidad fina y la coordinación; más característicos son los estereotipos y las repeticiones de gestos sin significado. La mayoría de los autistas tienen una deficiencia intelectual, evaluada por los test de cociente intelectual y de funcionamiento adaptativo. También tienen problemas de modulación sensorial, que provocan comportamientos hiporreactivos o hiperreactivos a los estímulos exteriores, sobre todo visuales. Las perturbaciones de aprendizaje son mayores y necesitan de estrategias particulares en la enseñanza escolar (clase TEACH, método Lovaas, etc.).

Si bien el autismo no supone problemas de diagnóstico diferencial con la dislexia, no pasa lo mismo con otro trastorno general del desarrollo que es el síndrome de Asperger. Su existencia sigue siendo motivo de controversia, particularmente en Europa, aunque ha sido del todo reconocido en Norteamérica y clasificado en el DSM-IV. Se caracteriza, básicamente, por un problema de comunicación no verbal y de interacciones sociales. La mayoría de los individuos Asperger son de inteligencia normal o alta, con un lenguaje bien desarrollado, tanto en el plano de la conciencia fonológica como en la sintaxis. Pero presentan ciertas dificultades en cuanto a su utilización y contenido, lo que llamamos el aspecto semántico-pragmático. El discurso no se adapta correctamente a la conversación y tiende a reflejar los intereses particulares del individuo Asperger, de los cuales suele tener conocimientos enciclopédicos. Además, tienen dificultades de coordinación en la motricidad fina y de memoria visual. Las repercusiones del síndrome de Asperger en el aprendizaje de la lengua escrita afectan mucho más a la escritura que a la lectura: faltas de ortografía, dificultades para respetar el sujeto de una composición escrita y organizar las ideas, son las principales manifestaciones, relativamente fáciles de diferenciar de una disortografía. Algún problema de lectura también puede aparecer en el síndrome de Asperger. La lectura en voz alta suele ser lenta, con tono monótono, sin respetar la puntuación y con errores visoperceptuales. De hecho, leer en voz alta les dificulta la comprensión lectora. Dicha comprensión puede verse también afectada por su dificultad para elaborar imágenes mentales (representar mentalmente lo que están diciendo) y hacer deducciones. No obstante, la perturbación de las interacciones sociales está en primer plano y ayudará a diferenciar un problema de aprendizaje derivado de un Asperger de otro que se derive de una dislexia.

El trastorno por déficit de atención con o sin hiperactividad (TDAH)

El déficit de atención, con o sin hiperactividad (TDAH) es un problema de desarrollo de origen neurobiológico que se manifiesta por la asociación, en proporción variable, de hiperactividad, impulsividad e inatención.

- *La hiperactividad* es una actividad motriz exagerada, inapropiada, sobre todo está presente en el niño pequeño, en edad escolar, que tiende a disminuir con la edad; a menudo se reemplaza, en el adulto, por una sensación de urgencia interna.
- *La impulsividad* es un defecto de control que se traduce por acciones o palabras irreflexivas.
- *La inatención* es responsable de errores y olvidos que afectan tanto a las tareas escolares como a la vida cotidiana y las actividades profesionales.

El trastorno de déficit de atención, con o sin hiperactividad, afecta aproximadamente al 7 % de los niños en edad escolar y al 4 % de la población adulta; se conoce, se diagnostica y se trata en Norteamérica desde hace cincuenta años, pero su existencia ha sido recientemente aceptada en Europa y a regañadientes. Si bien perturba el funcionamiento personal, familiar y social, es en la escuela donde sus repercusiones son más evidentes y problemáticas. La necesidad de responder a las exigencias cotidianas de un aula explica que, aunque los síntomas se hayan ido viendo desde la educación infantil, es en primaria donde se acaba teniendo el diagnóstico seguro.

El TDAH se asocia frecuentemente a otras dificultades de aprendizaje; según los estudios, los porcentajes varían: del 15 al 50 % de los niños en edad escolar presentan simultáneamente déficit de atención asociado a dislexia, dispraxia u otros problemas secundarios de aprendizaje. La asociación de TDAH con la dislexia es particularmente frecuente y en ambas disfunciones encontramos síntomas comunes, como las anomalías en el control de los movimientos oculares en situación de lectura. El maestro hará mal si atribuye por su cuenta los síntomas a una u otra afección. En la lectura, los saltos de línea o los errores fonéticos (*véase* capítulo 5) pueden ser debidos tanto a la dislexia como al déficit de atención. En la escritura, la falta de concordancia suele revelar un déficit de atención, mientras que las omisiones e inversiones suelen reflejar dislexia, disortografía o TDAH. Sin embargo, para mejorar el aprendizaje, es indispensable que ambas condiciones, si coexisten, sean tratadas convenientemente. Tratar la hiperactividad con medicación sin aportar estrategias de reeducación de la dislexia no mejorará los resultados escolares; de igual modo, una buena estrategia para combatir la dislexia no podrá ayudar a un niño con déficit de atención. En tales casos, una evaluación neuropsicológica de la dislexia y una consulta médica para tratar la hiperactividad son indispensables para obtener resultados positivos en el aprendizaje académico.

La deficiencia intelectual (DI)

Según la asociación americana de retraso mental (AAMR), la deficiencia intelectual es una notable reducción del funcionamiento intelectual de un individuo, asociado a límites de funcionamiento adaptativo y que se manifiesta antes de los 18 años. El funcionamiento intelectual se mide de forma objetiva a través del cociente intelectual obtenido con ayuda de los test estandarizados, siendo los más utilizados el WISC-IV (*Wechler Intelligence Scale for School-age Children-IV*) en el caso de los niños y el WAIS (*Wechler Adult Intelligence Scale*) en caso de los adultos. Sobre una curva de repartición de cocientes intelectuales en una población dada, el valor 100 se atribuye a un cociente intelectual medio. Hablamos, por tanto, de deficiencia intelectual cuando éste es inferior a 70, lo cual representa un 3 % de la población.

• La mayoría de los casos de DI, esto es el 85 %, presenta una deficiencia intelectual leve, con un cociente intelectual de entre 55 y 70.

- La deficiencia intelectual moderada representa un 10 % y reagrupa a individuos cuyo CI está comprendido entre 40 y 55.
- Las deficiencias severas y profundas (entorno al 5 % del conjunto de la DI), que no permiten prácticamente ninguna escolarización, conciernen a personas con un CI inferior a 40.

En todos los casos, se trata de perfiles «planos», es decir, que el bajo rendimiento es homogéneo y afecta tanto al cociente intelectual verbal como al cociente intelectual de rendimiento. El déficit de funcionamiento adaptativo afecta a los ámbitos de la comunicación, el cuidado personal, las competencias domésticas y sociales, la utilización de recursos comunitarios, autonomía, salud y seguridad, ocio, escolarización y trabajo. Puede que sólo afecte a algunos de estos ámbitos en un individuo dado y sus oportunidades de ir mejorando con el tiempo y las medidas oportunas son notables.

Si el impacto de una deficiencia intelectual media resulta evidente para un profesor, si las deficiencias profundas y severas han sido diagnosticadas antes de entrar en la escuela en razón de su impacto sobre el entorno de desarrollo, el problema de los DI ligeros es más complejo. En educación infantil y a principios de primaria, las dificultades intelectuales tienen un impacto en el conjunto del aprendizaje, como por ejemplo en la lectoescritura. La lentitud en la adquisición de las bases del lenguaje escrito (letras, ortografía de uso y descodificación), como de las matemáticas (cifras, estructura de los números, operaciones), recuerda un poco a la dislexia o a un problema de aprendizaje relacionado con las carencias afectivas o psicosociales. Un niño deficiente que no comprende lo que dice el maestro puede pasar por un niño con déficit de atención, sobre todo si compensa sus carencias con comportamientos que recuerden el TDAH. El retraso escolar puede llegar rápidamente a los dos años, características de los problemas graves de aprendizaje. A largo plazo, la mayoría de los adolescentes con deficiencia intelectual ligera habrán conseguido, solamente, un nivel de escolarización correspondiente al último curso de primaria. Serán capaces de leer, incluso mejor que un disléxico, pero tendrán muchas dificultades con la composición escrita (encontrar y organizar ideas) y con la abstracción (fracasos reiterados en matemáticas). Las perturbaciones del aprendizaje relacionadas con una deficiencia intelectual ligera son más amplias que las de una dislexia, que son mucho más específicas. Por eso, la medición del cociente intelectual debe ser una parte esencial de la evaluación del niño o el adolescente sobre el que exista la sospecha de ser disléxico, para asegurarse de que sus problemas de aprendizaje no tienen nada que ver con la deficiencia intelectual. Recordemos una vez más que la definición de la dislexia precisa que, para llegar a dicho diagnóstico, el funcionamiento intelectual debe ser normal.

Síntesis

Al término de esta enumeración, se entiende por qué no es precisamente fácil meter el dedo en la llaga de tal o cual problema (*véase* el cuadro 6.1) para poder aportar la ayuda adecuada. Los diferentes aprendizajes implican mecanismos cognitivos comunes, como se muestra en la figura 6.2.

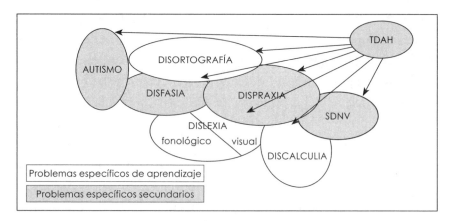

De E. Pannetier (2007), *La Dyspraxie: une approche clinique et pratique.*

Figura 6.2
Mecanismos cognitivos comunes a los diferentes problemas de aprendizaje.
© E. Pannetier 2009

Las zonas de encabalgamiento ilustran visualmente esta realidad. La dislexia utiliza mecanismos lingüísticos que pueden ser también defectuosos, como en la disfasia, por ejemplo con la conciencia fonológica. Los problemas causados por las dificultades de organización visoespacial se encuentran tanto en la dislexia como en la discalculia o en el síndrome de disfunción verbal.

La tabla 6.1, en la página siguiente, resume los criterios que permiten establecer el diagnóstico de los diferentes problemas de aprendizaje, sean específicos o secundarios.

TABLA 6.1

Criterios médicos para diagnosticar los problemas de aprendizaje

	PROBLEMAS DE LENGUAJE ORAL	PROBLEMAS VISOPERCEPTUALES	CARACTERÍSTICAS
PROBLEMAS ESPECÍFICOS DE APRENDIZAJE			
Dislexia	Disminución de la conciencia fonológica	Posibles	• Dificultades de acceso al léxico • Ausencia de automatización • Déficit de memoria de trabajo (fonológico o visoespacial)
Disortografía	Disminución de la conciencia fonológica	Posibles	A menudo asociada a la dislexia
Discalculia	**No**	Frecuentes	• Dificultades con la memorización de algoritmos • Problemas de abstracción y de razonamiento no verbal
PROBLEMAS SECUNDARIOS DE APRENDIZAJE			
Disfasia	**Sí**	**No**	Problema de lenguaje expresivo y/o receptivo
Dispraxia	**No** salvo si hay dispraxia verbal asociada	**Sí**	• Dificultades con la motricidad fina • Problemas práxicos • Dificultades de planificación motriz
Síndrome de disfunción no verbal (SDNV)	**No** aunque su contenido es muy pobre	**Sí** en el hemicampo visual izquierdo	• Anomalías en las interacciones sociales • ↓ de la motricidad fina (G)
Problemas generales de desarrollo (TGD)	**Sí** salvo en caso del síndrome de Asperger	Posibles	• Anomalías de las interacciones sociales • Problema de comunicación verbal y no verbal • Comportamientos e intereses estereotipados
Trastorno por déficit de atención con o sin hiperactividad (TDAH)	**No**	**No**	• Hiperactividad • Impulsividad • Inatención
Deficiencia intelectual ligera (DIL)	Retraso del desarrollo	No específicos	Retraso global del desarrollo: motricidad, socialización

TABLA 6.2

Manifestaciones escolares de los problemas de aprendizaje

	ESCRITURA	LECTURA	MATEMÁTICAS	COCIENTE INTELECTUAL (CI)
PROBLEMAS ESPECÍFICOS DE APRENDIZAJE				
Dislexia	• Letras/cifras en espejo • Sustituciones, inversiones, adiciones, omisiones	• Sustituciones fonéticas o visuales • Saltos de línea o de palabra	Dificultades con la resolución de problemas escritos	**Normal**
Disortografía	Dificultades ortográficas de uso, gramaticales y de organización de la escritura	**Normal** si no se asocia a una dislexia	**Normal**	**Normal**
Discalculia	**Normal**	**Normal**	• Errores de sintaxis, de los números y de organización espacial de las operaciones • Dificultades de memorización	**Normal**
PROBLEMAS SECUNDARIOS DE APRENDIZAJE				
Disfasia	• Dificultades con la ortografía de uso y la conjugación • Dificultades de abstracción	Dificultades de comprensión verbal	Dificultades con el razonamiento verbal (problemas escritos)	CIV < CIP
Dispraxia	Disgrafía dispráxica	Dificultades de barrido visual	• Dificultades de motricidad fina • Problemas práxicos • Dificultades de planificación motriz	CIV > CIP
Síndrome de disfunción no verbal (SDNV)	**Normal**	**Normal** pero con dificultades en la comprensión abstracta	Dificultades de razonamiento, abstracción y organización espacial	CIV > CIP

(continúa)

	ESCRITURA	LECTURA	MATEMÁTICAS	COCIENTE INTELECTUAL (CI)
Problemas generalizados del desarrollo (TGD)	Variable según el CI	Variable según CI	Variable según CI	75% con CI < 70 Salvo en Asperger
TDAH	• Problemas de inatención • Impulsividad	Errores de inatención	Errores de inatención	**Normal**
Deficiencia intelectual ligera (DIL)	Lentitud en el aprendizaje	Lentitud en el aprendizaje	Lentitud en el aprendizaje	CI entre 55 y 70 CIV y CIP disminuidos

La tabla 6.2 presenta los principales impactos de los problemas de aprendizaje en la vida escolar y los resultados de la evaluación psicométrica, y mide los diferentes componentes del cociente intelectual.

Además de esquematizar las similitudes y diferencias entre los múltiples problemas que afectan al aprendizaje, estas tablas permiten arrojar luz sobre la indispensable colaboración entre los diversos medios de educación y los de la salud para conseguir una evaluación y un diagnóstico adecuado del problema preciso de aprendizaje. La escuela por sí sola no puede conseguirlo, a pesar de toda la información y la experiencia pedagógica que tengan los maestros o los psicólogos escolares. Son necesarios los profesionales de la salud, médicos, neuropsicólogos, logopedas, ergoterapeutas para emitir un diagnóstico y evaluar el impacto de cada dolencia en la escuela mediante un buen diagnóstico del origen de las dificultades.

Gracias a la aproximación multidisciplinar se podrán ofrecer a los niños y a los adolescentes las ayudas apropiadas cuando la escuela les resulta realmente difícil.

Capítulo 7

Pistas de tratamiento

Un plan de tratamiento sólo puede ser abordado después de haber establecido un diagnóstico exacto y de haberse asegurado la ausencia de problemas cognitivos que puedan simular, en todo o en parte, los signos y síntomas de la dislexia. Como para el diagnóstico, la estrategia a seguir requiere de la colaboración de la familia, la escuela y los profesionales de la salud. Dicha colaboración debe ser armoniosa, con respeto a las competencias de cada cual, para que el niño y el adolescente disléxico se sientan apoyados en los grandes esfuerzos que deberá asumir a lo largo de toda su escolarización. Existen múltiples obras que tratan sobre las diversas aproximaciones para ayudar a los disléxicos; aquí vamos a exponer diversas pistas de posibles tratamientos sin que ello signifique que deben sustituir a las que se apunten en otros libros publicados por otros especialistas, ya sean logopedas, ortopedagogos, neuropsicólogos, optometristas, etc. Esta revisión está basada en las diferentes anomalías que son el origen de la dislexia.

Reaprender el lenguaje: el papel del logopeda

El logopeda es el especialista de la reeducación del lenguaje y su papel, en la estrategia para compensar los problemas lingüísticos de la dislexia, es fundamental. Tras la etapa de evaluación, el logopeda empieza por compensar las dificultades experimentadas por el niño y su intervención puede llegar a ser muy larga. Su aproximación es individualizada, apropiada para las dificultades de cada sujeto; aquí sólo podemos presentar las grandes líneas de su intervención.

• *Mejorar la calidad de la pronunciación de las palabras*: la palabra, que es la expresión motriz del lenguaje, es a veces imprecisa. Enseñar al disléxico que lo requiera a ser consciente de la posición que deben adoptar sus labios, su lengua y sus dientes en la pronunciación de cada fonema, los sonidos que componen el lenguaje oral, le permitirá ser más preciso en el análisis auditivo del lenguaje y tendrá un impacto positivo en la lectura.

• *Trabajar la conciencia fonológica*: las dificultades para reconocer los sonidos que componen las palabras son el problema fundamental de la mayoría de los disléxicos. Ayudar al niño a analizar correctamente los fonemas es algo que suele hacerse mediante juegos, en el curso de los cuales deberá trabajar los sonidos y las sílabas: juegos de rimas, descomposición de palabras, búsqueda de palabras que empiezan por el mismo sonido, decir palabras al revés empezando por la última sílaba… Hay softwares específicos que pueden utilizarse con este fin, muchos de ellos están en inglés, como Fast Forword®, pero los hay en muchos otros idiomas.

• *Desarrollar el acceso al léxico*: no sólo se trata de tener las palabras correctas en la cabeza sino de adquirir la capacidad para buscarlas cuando sean necesarias. Este aspecto, a menudo descuidado, tiene un impacto mayor en el funcionamiento escolar, particularmente en los controles de conocimientos y en los exámenes. El niño disléxico estudia, por lo general, más duramente que los demás pero, llegado el momento, no es capaz de encontrar toda la información que tiene en la cabeza. En este punto también, y mediante actividades lúdicas variadas (con imágenes que pueda describir, historias que pueda explicar, palabras de la misma familia…) trabajará esta necesaria capacidad.

Más allá de esta readaptación que aborda directamente las estructuras del lenguaje oral, los logopedas pueden trabajar con el niño disléxico una aproximación a la lectoescritura basada en la organización del lenguaje escrito.

- *Establecer los nexos entre los dos aspectos del lenguaje, la palabra y la escritura*: aquí se trata de desarrollar la correspondencia fonema-grafema (cómo se escribe un sonido) y la correspondencia grafema-fonema (cómo se lee una sílaba). Esta etapa también incluye el aprendizaje de las reglas de irregularidad que conciernen a las letras (pronunciación de la «g» ante «a» o ante «e», por ejemplo).
- *Compensar la estrategia ortográfica*: esta estrategia de lectura, normalmente la más eficaz, que utiliza el código grafofonémico, suele ser ineficaz en los disléxicos (*véase* tabla 3.2). El objetivo de la reeducación, en este caso, es permitir la utilización de estrategias de compensación, alfabéticas o logográficas. El acento se pone, al mismo tiempo, en el vocabulario usual y en las palabras inventadas, para las cuales el análisis alfabético es indispensable.
- *Retomar las diferentes etapas de la lectura con el niño*: incidiendo en la mejora de la comprensión lectora con ayuda de estrategias verbales o no verbales, como el dibujo.
- *Crear un léxico escrito, básico*, con el que el niño, ayudado por su logopeda, pueda fabricar su propio «diccionario de palabras», formado por las que más utiliza o por aquellas con las que tiene especial dificultad ortográfica. Esta aproximación se beneficia de las técnicas informáticas y algunos programas han sido especialmente concebidos para apoyarla (por ejemplo, el WordQ®).
- *Adquirir dominio de las reglas ortográficas*, de sintaxis y de gramática será de gran ayuda y deben contemplarse entre estas aproximaciones.

La readaptación logopédica es un trabajo largo que necesita de varios años y de sesiones de trabajo cotidianas, si es posible a domicilio. A veces sentimos que estamos presionando excesivamente a los niños porque, después de la escuela y de los deberes propios de ésta, hay que hacer más trabajo de reeducación. Se requiere la participación activa de uno de los padres, su disponibilidad para llevar al niño al logopeda, su ayuda en las prácticas y para darle ánimos en todo el proceso de manera que se mantenga su motivación. Además, el recurso de la logopedia no siempre asegura que el niño consiga avanzar, desde el primer día, como la escuela exige y, en ese caso, los padres deberán asumir el costo de clases particulares de refuerzo.

Organizar el espacio: el papel del ergoterapeuta

Las dificultades de organización espacial son un aspecto de la dislexia que a menudo no se tiene en cuenta y trabajar en ella puede resultar muy útil, no sólo en el caso de dislexias visoperceptuales. La importante incidencia de zurdos, las dificultades de lateralización, las anomalías de la motricidad ocular o ciertas particularidades del desarrollo motor (sobre todo concernientes a las actividades que requieren de la participación de los dos hemisferios cerebrales) explican el papel que puede jugar la ergoterapia en la readaptación de un disléxico. Los objetivos son múltiples.

- *Instaurar una buena lateralización*: este punto fundamental comporta diversos aspectos. En principio, se trata de ayudar al niño a desarrollar una dominancia manual clara (aún llamada manualidad) sin decidir en su lugar, evidentemente. Con ello no sólo refinaremos su motricidad fina, mejorando así su caligrafía, sino que contribuiremos a establecer una clara dominancia hemisférica y, en este sentido, a reforzar la organización adecuada del cerebro. Conocer la derecha y la izquierda de uno mismo, y luego la de los demás, y finalmente del espacio en general, permite diferenciar las letras cuya imagen es simétrica como la «p» y la «q». Para ello se emplearán actividades lúdicas en las que el niño tenga que buscar un objeto según las consignas verbales que se le den, juegos de pistas en los que tenga que girar a derecha o izquierda, siendo éstas formas de desarrollar su lateralidad sin necesidad de poner el acento en la lectura.

- *Utilizar modalidades sensoriales variadas* cuyo objetivo será el de favorecer la memorización, empleando material adaptado como las formas de las letras. Presentarle a un niño una letra, enseñarle a pronunciar su sonido correctamente, pedirle que siga su forma, por ejemplo en papel de lija, hacer que la coloree, todo ello permite a esa letra entrar en el cerebro del niño gracias a las modalidades visual, auditiva, sensorial y kinestésica. Estas cuatro entradas favorecen una memorización adecuada, compensándose entre sí y reforzándose.

- *Mejorar los movimientos oculares* gracias a los ejercicios que trabajan la fijación, la acomodación y el seguimiento ocular (esta parte de la readaptación es ofrecida por los optometristas). Aquí, también, la práctica de ejercicios de readaptación debe ser regular y sostenida para resultar eficaz.

- *Desarrollar las habilidades visoperceptuales* trabajando en primer lugar con formas geométricas a diferenciar, y pasando luego a las letras. Tareas de repetición de imágenes, de formas o de letras pueden hacerse en casa mediante juegos educativos que se encuentran fácilmente en las tiendas y que suelen ser baratos.

- *Perfeccionar la motricidad fina,* para que la escritura sea legible y fluida, si hay problemas en este aspecto. Pero la intervención en la motricidad también desempeña un papel interesante en la lectura, dado que el gesto motor que permite trazar correctamente las letras, como vimos en el capítulo 3, tiene un impacto positivo en el reconocimiento de las letras durante la lectura.

Lamentablemente, el acceso de estos servicios de ergoterapia es difícil: estos especialistas están ausentes en el medio escolar y, cuando los hay, no se encargan de los casos de dislexia. Los maestros intentan hacer este trabajo pero no están cualificados para ello. Queda la opción de buscar estos servicios privadamente pero no están al alcance de todos los bolsillos.

Rehacer las etapas del desarrollo: los métodos de «reorganización neurofuncional»

Las anomalías que presentan los disléxicos en el plano de la motricidad ocular y las particularidades en el desarrollo motor, descritas anteriormente, han conducido a los especialistas a recomendar vías de readaptación diversas, que lamentablemente no han sido evaluadas con rigor científico. Por esta razón, sólo hablaremos de una, a título de ejemplo, conocida por el nombre de método Padovan.

Creado en Brasil por Beatriz Padovan, en los años setenta, está basado en las teorías de Rudolf Steiner, quien pretende que el desarrollo motor de un individuo condiciona el conjunto de su desarrollo cognitivo, gracias a tres características fundamentales del ser humano: andar, hablar y pensar. Su teoría se fundamenta en la capacidad que tiene el cerebro para modificar las redes neuronales siguiendo los estímulos diversos que va recibiendo, lo que se denomina plasticidad sináptica. Este método se expandió en Europa en los años 1980-1990. Aplicado al tratamiento de la dislexia puede parecer raro porque no contempla la práctica de la lectura directamente.

Las sesiones de reeducación reproducen las etapas del desarrollo motor que hacen pasar de la posición tumbada a la marcha, como arrastrarse o desplazarse a gatas, con actividades que comportan el desarrollo de la lateralidad. También incluyen funciones motrices específicas de la esfera bucal (masticación, succión, deglución e incluso respiración) así como de los ojos (seguimiento ocular y acomodación) y de manos (movimientos finos, movimientos alternados…). Las dificultades de organización temporal también se contemplan mediante la introducción del ritmo en actividades diversas, por ejemplo en forma de canciones que los acompañen. Como el conjunto de los ejercicios tiene por objetivo la modificación de la estructura misma de los circuitos neuronales, deben efectuarse regularmente y de manera repetida. De hecho, la práctica cotidiana es una importante sobrecarga de trabajo para el niño y para el adulto que lo ayuda en casa; incluso el padre o la madre habrán tenido que asistir a sesiones de formación que le permitan comprender las bases del método para poderlas aplicar correctamente. También es una inversión económica considerable que no todas las familias pueden asumir, pero los recursos públicos de readaptación no ofrecen estos métodos.

Tratar el déficit de atención: el papel del médico

El papel del médico empieza por diagnosticar correctamente la dislexia, con la ayuda de la opinión de otros profesionales, también los del medio escolar. Más específicamente, sus conocimientos sobre el conjunto de problemas de salud le permitirán establecer un diagnóstico diferencial, es decir, contemplar diferentes patologías o causas que no se limitan a una sola categoría de síntomas, como el lenguaje o la motricidad. Por ejemplo, puede distinguir una deficiencia motriz cerebral (parálisis cerebral) ligera, detrás de un problema de aprendizaje de lectoescritura o una disminución de la agudeza auditiva debida a otitis de repetición tras lo cual aparecen dificultades ortográficas. Por tanto, deberá considerar el conjunto de dificultades presentadas por el niño para evaluar la existencia de condiciones asociadas que pueden interferir con la dislexia, en por ejemplo el déficit de atención con o sin hiperactividad (TDAH).

El diagnóstico del TDAH es de orden médico y se hace a partir de criterios objetivos y de escalas de evaluación estandarizadas. Cuando se asocia a otros problemas de aprendizaje, este diagnóstico preciso es importante porque nos permitirá establecer la diferencia con dificultades de atención debidas a la incomprensión de las consignas o de las nociones enseñadas, como con las repercusiones afectivas de una situación difícil de vivir por el niño. Al contrario, atribuir todos los síntomas a una dislexia, por ejemplo, ignorando la existencia de un TDAH, nos hará correr el riesgo de privar al niño de un tratamiento adecuado y que le impida acceder a los beneficios de una readaptación correcta.

El problema de déficit de atención es, básicamente, comportamental, tanto en casa como en la escuela. Rutinas estables, horarios regulares (sobre todo de sueño), deberes hechos en un entorno tranquilo, lejos de la tele y de los juegos, son responsabilidad de los padres. En clase, estar preferentemente sentado en los pupitres de delante, cerca del maestro y lejos de las ventanas, permite reducir las fuentes de distracción; disminuir el ruido ambiental (sillas que rozan el suelo) y el exceso de estímulos visuales (carteles, murales, letras de colorines) puede ser un problema para todo el mundo. Si el número de alumnos por clase es bajo, el maestro podrá ocuparse de verificar que su alumno con TDAH ha entendido bien todas las consignas, de manera individual. La alternancia de períodos de calma y concentración con momentos en los que el niño pueda moverse a placer es de gran ayuda, particularmente para los varones.

El tratamiento medicamentoso suele ser un complemento indispensable. Los psicoestimulantes se utilizan ampliamente en Norteamérica desde hace cincuenta años, pero su uso es más reciente en Europa. Ya sean derivados del metilfenidato (Ritalin®, Concerta®, Biphentin®) o anfetaminas (Dexedrina®, Adderall XR®, Vyvanse®) generan una mejora de la atención y la disminución de la hiperactividad en el 85 % de los casos, eso sí, con efectos secundarios: disminución del apetito, dificultades de sueño, ansiedad o tics nerviosos. Un medicamento no estimulante, la atomoxetina, comercializada con el nombre de Strattera®, es eficaz a largo plazo para controlar los síntomas de un problema de déficit de atención; además, actúa esencialmente sobre la noradrenalina, cuya importancia en las diferentes funciones responsables del aprendizaje (*véase* capítulo 3, en la página 68) ya hemos descrito. Por eso hay estudios en curso para evaluar si este medicamento no podría ser empleado también para favorecer el aprendizaje en general, particularmente en los casos de dislexia. Los resultados están por llegar.

Trabajar las estrategias de lectura: el papel del logopeda

El logopeda está en primera línea de fuego en la lucha contra la dislexia. Tanto si su trabajo tiene lugar dentro de las aulas, sabiendo en cada momento lo que pasa en las clases, como si se desarrolla en un despacho privado, siempre debe seguir las etapas pedagógicas del aprendizaje de la lectoescritura. En el centro de las estrategias a adoptar en clase, el logopeda servirá de nexo con los maestros: recibe informaciones de éstos y los ayudará a comprender mejor las dificultades particulares de cada niño, proponiendo soluciones que permitan ajustar la enseñanza. Sus consejos se extenderán a los padres, particularmente a la hora de hacer los deberes. En muchos sistemas educativos, el logopeda sólo está disponible durante la primaria y casi siempre quedan excluidos del sistema público por razones presupuestarias. En muchas ocasiones, los que acceden al logopeda lo hacen en grupitos de 3 o 4 niños, situación lejana a la ideal porque el apoyo al niño disléxico debe ser individual y específico. Además, es difícil que coincidan en la misma clase varios disléxicos con exactamente el mismo grado y las mismas características. Por eso la mayoría de padres, si disponen de medios, optan por una aproximación privada e individual.

En primaria, el logopeda orienta su intervención según las anomalías observadas y se adapta al estilo de aprendizaje del niño: verbal, motor, visual, auditivo, priorizando los procesos simultáneos o secuenciales. Algunos grandes principios pueden desprenderse de múltiples obras al respecto:

- *Compensar las dificultades experimentadas con la estrategia ortográfica* por otras estrategias, como las habitualmente empleadas (logográfica, alfabética, semántica), o por otras más específicas: medios mnemotécnicos, reagrupación de palabras con particularidades ortográficas similares…
- *Utilizar las imágenes mentales* (representar en la mente la imagen de lo que se está leyendo) y, en los más pequeños, pedirles que dibujen lo que han comprendido del texto.
- *Priorizar una primera etapa de lectura silenciosa* en la que el niño se podrá familiarizar con las palabras escritas, «adivinar» según el sentido general de la frase aquello que no consigue descodificar y después, sólo después, invitarlo a leer en voz alta.

- *Servirse del subrayado en colores* para hacerlo consciente de los signos de puntuación, mejorando su comprensión, así como para diferenciar las palabras que reconoce en la lectura global de aquellas con las que tiene dificultades.
- *Tener por objetivo una lectura funcional* antes que una lectura perfecta. El objetivo de aprender a leer no es declamar textos en voz alta, sino comprender el texto y apropiarse de las informaciones contenidas.

En secundaria, raros son los adolescentes que pueden gozar del apoyo de un logopeda, como no sea pagando. Además, la cuestión de la lectura en voz alta no representa ningún problema, salvo en las exposiciones orales de algunos trabajos. Éstos son, esencialmente, los métodos de compensación que se utilizan para reducir el impacto de la dislexia en la adquisición de conocimientos y su invariable control mediante exámenes. Las recomendaciones que podemos sugerir son las siguientes:

- *Permitir el uso en clase de una grabadora* en lugar de obligar a los disléxicos a tomar apuntes; todo podrá ser transcrito con calma, en caso de necesidad, en casa, o ser escuchados una y otra vez hasta apropiarse de los conocimientos.
- *Favorecer el sistema de apadrinamiento* con un compañero de clase que se encargue de asegurar que lo que su compañero disléxico tiene apuntado en la agenda es correcto y completo, que no se olvida deberes y que no coloca las tareas en la fecha equivocada.
- *Autorizar el uso de un ordenador portátil* con un programa de autocorrección o con programas adaptados (WordQ®, por ejemplo) así como un diccionario electrónico para paliar la disortografía asociada.
- *Permitir más tiempo en los exámenes* y no sólo en los de lengua, sino en los de matemáticas y en todos los demás; la lectura de enunciados presenta la misma dificultad en todas las materias: el disléxico necesita más tiempo para leer, para comprender, para organizar sus ideas y para escribirlas.

• *Recomendar la transformación de la información* para estudiar: a partir de un texto, realizar tablas, esquemas, mapas visuales, gráficos. Son éstos los que realmente le servirán para memorizar de las informaciones.

Hay otras medidas que están sujetas a debate y son objeto de muchísimas reticencias por parte de las escuelas. Se trata, sobre todo, de la actitud ante el aprendizaje de otras lenguas y de las repercusiones que el fracaso tiene en la obtención del título tras la secundaria. Hemos hablado en el capítulo 4 de la posibilidad de dispensas individuales, parsimoniosamente distribuidas. Incumbe a cada escuela evaluar la situación de sus alumnos y decidir la conducta a seguir con sus disléxicos, con las familias de éstos y con los profesionales implicados (psicólogos, logopedas u ortopedagogos). El apoyo a ofrecer durante los exámenes no debería ser objeto de políticas ministeriales, y no debería apoyarse en la buena voluntad de los profesores, por su cuenta. En un mundo ideal, un maestro debería estar seguro de que sus consignas han sido bien comprendidas, clarificándolas y precisándolas si es necesario. Pero estas medidas no se aplican nunca porque dan la impresión de ser injustas para el resto de los alumnos o porque hay problemas de confidencialidad, etc. Estas reticencias, si bien son comprensibles en general, en realidad reflejan el alto nivel de incomprensión y el claro escepticismo de los maestros frente a las dificultades asociadas a la dislexia.

Apoyar el esfuerzo: el papel de la familia

Lamentablemente esta incomprensión también puede estar presente en las personas más importantes para un disléxico: sus padres. La situación mejora mucho cuando uno de los padres es disléxico: sabe por lo que está pasando su hijo tanto a nivel académico como a nivel afectivo. Claro que el problema puede aparecer cuando el padre o la madre dicen: «Yo he pasado por todo eso y él también podrá pasar», y se minimizan las necesidades particulares del niño, que es otro individuo. En otros casos, la misma realidad de la dislexia es discutida. Muchos padres entienden que si los esfuerzos invertidos fuesen mayores, su hijo tendría el éxito escolar asegurado. Lo cierto es que el joven disléxico hace terribles esfuerzos, trabaja más tiempo y más duramente que sus compañeros y consigue pobres resultados. Otros padres, conscientes plenamente de las dificultades por las que pasa su hijo, sobreprotegen al niño y acaban haciéndole el trabajo siempre que les sea posible para evitar que el niño experimente fracasos continuados. Estas medidas no son precisamente las adecuadas, aunque tengan su origen en la buena voluntad y la empatía. Algunos consejos pueden ayudar a aportar un apoyo a largo plazo al niño disléxico:

- *Pedir una evaluación a un especialista* cuando se detectan dificultades que repercuten en la vida escolar o personal del niño: sesiones de deberes que pasan de una hora en un niño de primaria, notas netamente inferiores a las del grupo, comportamientos de evitación, síntomas de enfermedad, son signos que deberían alertar a la familia.
- *Evitar transformar el rato de hacer los deberes en un psicodrama cotidiano*: este espacio de tiempo particular de la jornada es, para un niño, ese momento en que los dos ámbitos principales de su vida, escuela y familia, se confunden. Las frustraciones vividas durante la jornada escolar y el sentimiento de incompetencia que haya sentido en clase no deben ser llevados a casa, para evitar repercusiones afectivas y problemas de invasión generalizada de toda su vida. Necesita un «espacio» donde se siente apto, bueno, valorado, donde pueda construir su autoestima. La actitud de los padres es muy importante en este sentido, tanto como la ayuda que puedan ofrecer en la descodificación de un texto y en la memorización del vocabulario.
- *Ayudar a organizar la gestión del tiempo*, no sólo durante el acto de hacer los deberes sino a lo largo de todo el día y de la semana escolar. Un calendario mural con el horario del cole, de las actividades extraescolares, la supervisión de la agenda o del plan de trabajo sema-

nal, la utilización de colorines y otras ayudas visuales son estrategias muy útiles.

• *Aportar un apoyo adecuado a sus dificultades específicas*: para ello, la comprensión de la dislexia, las citas con profesores y logopedas, permiten actuar más eficazmente, sin que nadie quiera sustituir a otro especialista, favorecerán el desarrollo del niño y su autonomía en el aprendizaje.

• *No centrar todos los esfuerzos en la lectura*: es la dificultad principal del niño y empeñarse en que lea en voz alta cada día hasta que lo haga a la perfección puede ser contraproducente y reforzar su sentimiento de incompetencia, que ya tiene más que presente. Es preferible sugerirle que lea para sí (por muchos errores que cometa, que los cometerá seguro) y verificar luego si ha comprendido el texto o pedirle que lo dibuje (si el dibujo es uno de sus talentos), o preguntarle cosas sobre el texto sin que parezca un examen, antes que avergonzarlo con la lectura en voz alta: ésta es una aproximación que permite al niño desarrollar sus propias estrategias de compensación, minimizando la importancia de los errores de descodificación. Favorece la adquisición de la información contenida en el texto y la apropiación de conocimientos en las diversas materias, lo cual disminuye las repercusiones de la dislexia en el conjunto del aprendizaje.

Finalmente, los padres de un disléxico desempeñan un papel preciso que requiere de mucha mano izquierda y mucha delicadeza: defender los derechos de su hijo en un sistema escolar rígido, lleno de reglas de funcionamiento oscuro, dominados por problemas presupuestarios que limitan las intervenciones particulares. Dicho papel necesita de un buen conocimiento de lo que es la dislexia y de sus repercusiones en la vida escolar, así como de una colaboración con todos los especialistas. El apoyo del maestro, del logopeda, del neuropsicólogo facilitan que el niño progrese en la dirección deseada, mediante un cuadro de aprendizaje que le permita superar los impactos negativos de la dislexia y poder expresar al máximo todo su potencial intelectual.

Conclusión

Aprender a leer es un proceso que se inicia antes de la escolarización. De hecho, podemos decir que desde el mismo nacimiento el cerebro está en modo aprendizaje, integrando y clasificando la información que viene del mundo exterior. El bebé que oye una nana cantada por su madre y el niño pequeño que oye un cuento que le explica su padre antes de dormir van registrando los sonidos que componen su lengua materna. Atrapar una pelota desarrolla la percepción del espacio y del propio cuerpo y permite al cerebro descubrir la forma redonda que, más tarde, podrá asociarse a la letra «o». El desarrollo del lenguaje empieza por su expresión oral, la palabra, y la reproducción adecuada de los sonidos que se escuchan; está íntimamente asociado al deseo del bebé por comunicar sus necesidades, sus ideas y sus emociones. Un poco más tarde, el lenguaje adquiere toda su significación con el intercambio inmediato de información entre el niño y las personas que lo rodean, en su casa o en la guardería. Todas esas etapas son indispensables para poder abordar el aprendizaje del lenguaje escrito, que permite a la palabra transformarse de útil de comunicación efímera en instrumento perdurable de transmisión de la información.

Todas estas etapas preliminares que preparan la capacidad para leer pueden verse perturbadas por factores muy variados que conduzcan a la dificultad para la lectura. Entre ellas está la dislexia, con un lugar particular porque va mucho más allá de una «lectura incorrecta». Las conclusiones derivadas de las recientes técnicas de diagnóstico por imagen demuestran que el cerebro de los disléxicos tiene un funcionamiento peculiar cuando realiza las diferentes tareas relacionadas con el lenguaje escrito. También confirman un conjunto de observaciones diversas, recogidas desde hace años por diferentes investigadores, sobre ciertas características de los individuos disléxicos, ya sean sus dificultades de lateralización o por sus aptitudes particularmente brillantes en ciertos ámbitos, sobre todo en el científico, artístico y deportivo.

La escuela es, por tanto, el lugar donde suele manifestarse la dislexia en todo su esplendor, como cualquier otra perturbación del aprendizaje. Algunas de estas dificultades son persistentes, y entonces hablamos de «problemas de aprendizaje». Éstos están directamente relacionados con un tipo concreto de aprendizaje. Es el caso de la dislexia, que afecta visiblemente al lenguaje escrito, como la discalculia afecta a las habilidades matemáticas o la disortografía, a menudo asociada a la dislexia, pero que puede existir aisladamente, perturba la escritura. Dislexia, discalculia y disortografía son problemas específicos de aprendizaje. Pero hay anomalías del desarrollo que aparecen antes de la misma escolarización y que también afectan a la adquisición de las habilidades lectoras. Disfasias, dispraxias, síndrome de disfunción no verbal, problemas generalizados del desarrollo, trastorno por déficit de atención, con o sin hiperactividad, o deficiencias intelectuales ligeras, son todos ellos problemas secundarios de aprendizaje y no se centran en dificultades con la lectoescritura. Las dificultades de aprendizaje se diferencian de los problemas de aprendizaje en su carácter transitorio y su mejora evidente con el apoyo pedagógico y psicológico adecuado. En este grupo es donde se encuentran, esencialmente, las causas afectivas o emocionales que impiden al niño estar totalmente disponible para aprender o para interesarse en la escuela.

El diagnóstico de los problemas de aprendizaje en general, y de la dislexia en particular, se basa en un conjunto de informaciones que afectan a diversos ámbitos que pertenecen a las ciencias de la salud (medicina, logopedia, psicología, ergoterapia), y a las de la educación (enseñanza, ortopedagogía). Dado que el cerebro centraliza los procesos de aprendizaje y la integración de funciones diversas que influyen en éste, como la atención, la memoria o las emociones, la comprensión de su funcionamiento está en la base de las intervenciones enfocadas a ayudar a los niños en la solución de tales problemas. Si las dificultades de aprendizaje pueden ser aliviadas mediante intervenciones ortopedagógicas, psicológicas o de apoyo social, en particular las competencias familiares, estas medidas resultarán insuficientes en los casos de problemas de aprendizaje, porque se necesita compensar las causas de las dificultades a fin de obtener resultados óptimos. En lo referente a las estrategias a adoptar frente a problemas fonológicos, por un logopeda, o de déficit de atención con hiperactividad asociada, mediante medicamentos, la participación activa de profesionales extraescolares permite optimizar el funcionamiento del niño durante la escolarización y mejorar la calidad de vida en la edad adulta. La colaboración de profesionales de horizontes variados, que analizan la misma situación desde puntos de vista diferentes, relacionados con su formación y experiencia, requiere de cada cual una actitud de respeto mutuo y de apertura mental cuyo beneficiario será el niño disléxico.

Si la descripción de la dislexia y de los mecanismos involucrados en su aparición parece ser una larga retahíla de problemas, anomalías y de dificultades de todo tipo, la visión global no debe ser pesimista. Una mejor comprensión de lo que realmente es evitará tomar medidas inapropiadas o excesivas y permitirá, por el contrario, adoptar una actitud positiva y orientada hacia el éxito, eso sí, al precio de grandes esfuerzos.

Lista de figuras por capítulo

Capítulo 1

Figura 1.1   Vista externa del hemisferio izquierdo
Figura 1.2   Corte vertical del cerebro, mostrando su estructura interna
Figura 1.3   Áreas de Brodmann (vista externa del hemisferio izquierdo)

Capítulo 2

Ninguna figura

Capítulo 3

Figura 3.1   Trescientos milisegundos para leer y comprender una palabra
Figura 3.2   Representación individual del mundo exterior
Figura 3.3   De la sensación a la memoria
Figura 3.4   Memoria de trabajo y lectura
Figura 3.5   Estructura de la memoria a largo plazo
Figura 3.6   El sistema límbico: circuito de las emociones y las funciones
              principales
Figura 3.7   La neurona: descripción y funciones
Figura 3.8   El sistema límbico y los neurotransmisores implicados
Figura 3.9   Neuroquímica del aprendizaje de la lectura

Capítulo 4

Figura 4.1   Dos procedimientos de lectura: ensamblaje y direccionamiento

Capítulo 5

Figura 5.1   Resumen de las zonas sobreactivadas e infraactivadas durante las diferentes tareas relacionadas con la lectura en los disléxicos

Capítulo 6

Figura 6.1   Procesos implicados en la lectura en voz alta y en la escritura de una palabra dictada

Figura 6.2   Mecanismos cognitivos comunes a los diferentes problemas de aprendizaje

Capítulo 7

Ninguna figura

Lista de tablas y cuadros por capítulo

Capítulo 1

Cuadro 1.1   Definición de la dislexia según la OMS
Cuadro 1.2   Definición de la dislexia según el DSM-IV

Capítulo 2

Tabla 2.1   Las 29 maneras de escribir el sonido «o» en francés

Capítulo 3

Ningún cuadro ni tabla

Capítulo 4

Tabla 4.1   Desarrollo del lenguaje oral
Cuadro 4.1   Previos lingüísticos de la lectura
Tabla 4.2   Estrategias de lectura

Capítulo 5

Tabla 5.1   Clasificación de las dislexias y frecuencia de las diferentes formas
Tabla 5.2   Trucos para detectar el tipo de dislexia

Capítulo 6

Cuadro 6.1   Clasificación práctica de los problemas de aprendizaje
Cuadro 6.2   Habilidades y conocimientos a dominar para escribir un texto
en castellano
Cuadro 6.3   Conocimientos a dominar para calcular
Tabla 6.1   Criterios médicos para diagnosticar problemas de aprendizaje
Tabla 6.2   Manifestaciones escolares de los problemas de aprendizaje

Capítulo 7

Ningún cuadro ni tabla.

Bibliografía

Bibliografía general

Estas obras son de interés general y pueden ser leídas por un público no especializado, con interés en el tema de la dislexia.

CHEMINAL, R. y BRUN, V.: *Les Dyslexies.* Masson, París, 2002.

DEHAENE, S.: *El cerebro matemático.* Siglo XXI, Buenos Aires, 2016.

DEMAISTRE, M.: *Dyslexie-dysorthographie.* Éditions J. P. Delarge, París, 1980.

DONNELLY, K.: *Comment vivre avec la dyslexie.* Éditions Logiques, Outremont, Québec, 2002.

DUMONT, A.: *Réponses à vos questions sur la dyslexie.* Éditions Pocket, París, 2005.

DUVILLIE, R.: *Petit dyslexique, mode d'emploi.* Éditions Marabout (Poche), París, 2007.

HABIB, M.: *La dyslexie à livre ouvert.* Solar Éditions, Marsella, 2003.

JANTZEN, C.: *La dyslexie: Handicap ou talent?* Les Éditions Triades, Laboissière-en-Thelle, 2004.

PANNETIER, E.: *La dyspraxie: une approche clinique et pratique.* Éditions du CHU Sainte-Justine, Montreal, 2007.

RAYMOND, F.: *Le déficit de l'attention et l'hyperactivité en 32 questions.* Éditions Enfants Québec, Saint-Lambert, 2004.

RICHAUDEAU, F.: *Método de lectura rápida.* Mensajero, 1989.

SHAYWITZ, S.: *Overcoming Dyslexia: A New and Complete Science-Based Program for Reading Problems at Ang Level.* Vintage Books, Nueva York, 2005.

SNOWLING, M. J.: *Dyslexia.* Blackwell, Oxford, 2000.

VELAY, J. L. *et al.*: «De la plume au clavier. Est-il toujours nécessaire d'enseigner l'écriture manuscrite?» en *Comprendre les apprentissages sciences cognitives et éducation,* de E. Gentaz et P. Dessus, Éditions Dunod, París, 2004, p. 69-82.

Webs

https://changedyslexia.org

http://www.luzrello.com/Piruletras_(Dyseggxia).html

http://www.dyseggxia.com/index?lang=es

Asociación dislexia y familia: www.disfam.org/

Federación Española de Asociaciones de Dislexia y Otras Dificultades de Aprendizaje:

www.fedis.org

Asociación Dislexia sin Barreras: www.dislexiasinbarreras.com

Para asociaciones por comunidades autónomas:

http://www.ladislexia.net/asociaciones-espana/

Referencias especializadas

El lector que trabaja con niños o adultos disléxicos podrá encontrar aquí artículos científicos que le permitirán profundizar en su comprensión de la dislexia o de particularidades de la misma.

«A Cure for Dyslexia?», *Nature Neuroscience,* 2007; 10(2):135.

ALEXANDER, A. W. *et al.*: «Current Status of Treatments for Dyslexia: Critical Review», *J. Child Neurol,* 2004; 19:744-758.

AMERICAN PSYCHIATRIC ASSOCIATION – DSM-IV-TR: «Manuel diagnostique et statistique des troubles mentaux», 4.ª ed., texto revisado, Washington DC, 2000.

ANDERSON, P.: «Early Case Reports on Dyslexia in The United States and Europe», *J. Learn. Disabil,* 2001; 24(1):9-21.

AYLWARD, E. H. *et al.*: «Instructional Treatment Associated with Changes in Brain Activation in Children with Dyslexia», *Neurology,* 2003; 61:212-219.

BAILEY, P. J. y SNOWLING, M. J.: «Auditory Processing and the Development of Language and Literacy», *B. M. Bull.,* 2002; 63:135-146.

BEATON, A. A.: «Dyslexia and the Cerebellar Deficit Hypothesis», *Cortex,* 2002; 38 (4):479-490.

BERLIN, R.: «Eine besondere Art der Wort-blindheit (dyslexie)», *Archiv für Psychiatrie,* 1887; (15):276-278.

BILLARD, C. *et al.*: «Validation de la BREV, Batterie clinique d'évaluation des fonctions cognitives, en comparaison à une batterie de référence dans les troubles des apprentissages», *Arch. Fr. Ped.* 2006; 13:23-31.

BISHOP, D. V. *et al.*: «A Prospective Study of the Relationship Between Specific Language Impairment, Phonological Disorders and Reading Retardation», *J. Child Psychol. Psychiatry,* 1990; 31:1027-1050.

BLAU, V. *et al.*: «Reduced Neural Integration of Letters and Speech Sounds Links Phonological and Reading Deficits in Adult Dyslexia», *Current Biology,* 2009; 19(6):503-508.

BOREL-MAISONNY, S.: «Les troubles du langage dans les dyslexies et les dysorthographies», *Enfance,* 1951; 4(5): 400-444.

BRADLEY, L. *et al.*: «Categorizing Sounds and Learning to Read: A Causal connection», *Nature,* 1983; 30(2):419-421.

BRETHERTON, L. *et al.*: «The Relationship Between Auditory Temporal Processing, Phonemic Awareness, and Reading Disability», *J. Exp. Child Psychol.,* 2003; 84:218-243.

BROWN, W. *et al.*: «Preliminary Evidence of Widespread Morphological Variations in the Brain in Dyslexia», *Neurology,* 2001; 56:781-783.

BUSHMANN, A. *et al.*: «Children with Developmental Language Delay at 24 Months of Age: Results of A Diagnostic Work-Up», *Dev. Med. Child Neurol.,* 2008; 50:223-229.

BUTTERWORTH, B.: «The development of Arithmetical Abilities», *J. Child Psychol. Psychiatry,* 2005; 46(1):3-18.

CESTNICK, L. *et al.*: «The Relationship Between Language and Visual Processing in Developmental Dyslexia», *Cognition,* 1999; 71:231-255.

CESTNICK, L.: «Cross-Modality Temporal Processing Deficits in Developmental Phonological Dyslexia», *Brain and Cognition,* 2001; 46:319-325.

CHALL, J. S. *et al.*: «The Reading Crisis: why Poor Children Fall Behind», *Harvard University Press,* 1990.

CHEN, Y. *et al.*: «Testing for Dual Brain Processing Routes in Reading: A Direct Contrast of Chinese Character and Pinyin Reading Using fMRI», *J. Cognitive Neurosc.,* 2002; 14(7):1088-1098.

COHEN KADOSH, R. C. *et al.*: «Dyscalculia», *Curr. Biol,* 2007; 17(22): 946-947.

COMMITTEE ON CHILDREN WITH DISABILITIES: American Academy of Paediatrics (AAP) and American Academy of Ophthalmology (AAO); American Association for Paediatric Ophthalmology and Strabismus (AAPOS). «Learning Disabilities, Dyslexia Subject Review», *Paediatrics,* 1998; 102: 1217-1219.

COPE, N. *et al.*: «Strong Evidence That KIAA0319 on Chromosome 6p Is a Susceptibility Gene for Developmental Dyslexia», *Am. J. Genet.,* 2005; 76(4):581-591.

DAFFAURE, V. *et al.*: «Dyslexie de développement et trouble temporel: de la perception auditive à la perception du temps conventionnel», *Rev Neuro Psychol.,* 2001; 11:115-116.

DE FRIES, J. C. *et al.*: «Evidence for a Genetic Aetiology in Reading Disability of Twins», *Nature,* 1987; 329:537-539.

DEHAENE, S. *et al.*: «The Neural Code for Written Words: A Proposal», *Trends Cogn. Sci.,* 2005; 9(7):335-341.

DEMONET, J. F. *et al.*: «Developmental Dyslexia», *Lancet,* 2004; 363:1451-1460.

DEWEY, D. *et al.*: «Developmental Coordination Disorder: Associated Problems in Attention, Learning, and Psychosocial Adjustment», *Hum. Mov. Sci.,* 2002; 21:905-918.

ECALLE, J. *et al.*: «L'apprentissage de la lecture: fonctionnement et développement cognitifs», Editions Armand Colin, París, 2002.

ECKERT, M. A. *et al.*: «Structural Imaging in Dyslexia: The Planum Temporal», *Ment. Retard. Dev. Disabil. Res. Rev.,* 2000; 6(3):198-206.

—: «Anatomical Correlates of Dyslexia: Frontal and Cerebellar Findings», *Brain,* 2003; 126(2):482-494.

—: «Neuroanatomical Markers for Dyslexia: A Review of Dyslexia Structural Imaging Studies», *The Neuroscientist,* 2004; (10)4:362-371.

EDEN, G. *et al.*: «Neural Changes Following Remediation in Adult Developmental Dyslexia (Clinical Study)», *Neuron,* 2004; 44(3):411-422.

FACOETTI, A. *et al.*: «Multisensory Spatial Attention Deficits are Predictive of Phonological Decoding Skills in Developmental Dyslexia», Posted on-line by Cahier Library on April 18, 2009, *J. Cogni. Neurosc.,* en prensa, 2009.

FAGERHEIM, T. *et al.*: «A New Gene (DYX3) for Dyslexia is Located on Chromosome 2», *J. Med. Genet.,* 1999; 36:664-669.

FAN, C. *et al.*: «Deficient Orthography and Phonological Representations in Children with Dyslexia Revealed by Brain Activation Patterns», *J. Child Psychol. Psychiatry,* 2006; 47:1041-1050.

FIEZ, J. A. *et al.*: «Neuroimaging Studies of Word Reading», *Proc. Natl. Acad. Sci. USA* 1998; 95(3):914-921.

FISCHER, S. E. *et al.*: «Independent Genome-Wide Scans Identify a Chromosome 18 Quantitative-Trait Locus Influencing Dyslexia», *Nat. Genet.,* 2002; 30:86-91.

FLETCHER, J. M. *et al.*: «Evidence-Based Assessment of Learning Disabilities in Children and Adolescents», *Clin. Child Adolesc. Psychol.,* 2005; 34: 506-522.

FLORIN, A. *et al.*: «Les évaluations des enseignants et la prédiction des compétences langagières de leurs élèves: études longitudinales à l'école maternelle et à l'école élémentaire», *Le langage et l'homme,* 2002; 37(2): 175-190.

FLYNNJ, M. *et al.*: «Prevalence of Reading Failure in Boys Compared With Girls», *Psychol. Sch.,* 1994; 31:66-71.

FOORMAN, B. R. *et al.*: «Interventions Aimed at Improving Reading Success: An Evidence-Based Approach», *N Euro Psychol.,* 2003; 24:613-639.

FRANCKS, C. *et al.*: «The Genetic Basis of Dyslexia», *Lancet Neurol.,* 2002; 1:483-490.

FRITH, U.: «Beneath the Surface of Developmental Dyslexia», en: K. E. Patterson, J. C. Marshall & M. Coltheart (eds.), *Surface dyslexia: neuropsychological and cognitive studies of phonological reading,* Londres: Erlbaum, 1985.

GAAB, N. *et al.*: «Neural Correlates of Rapid Auditory Processing Are Disrupted in Children with Developmental Dyslexia and Ameliorated with Training: An fMRI Study», *Restor. Neurol. Neurosci.,* 2007; 25:295-310.

GALABURDA, A. *et al.*: «Cytoarchitectonic Abnormalities in Developmental Dyslexia: A Case Study», *Ann. Neurol.,* 1979; 6(2):94-100.

—: «Evidence for a Magnocellular Defect in Developmental Dyslexia», *Ann. N. Y. Acad. Sri.,* 1993; 682:70-82.

—: «Developmental Dyslexia: Four Consecutive Patients With Cortical Anomalies», *Ann. Neurol.,* 1995; 18(2):222-233.

GALLAGHER, A. y FRITH, U. *et al.*: «Precursors of Literacy Delay Among Children at Genetic Risk of Dyslexia», *J. Child Psychol. Psychiatry,* 2000; 41:203-213.

GERRITSA, E. *et al.*: «Early Language Development of Children at Familial Risk of Dyslexia: Speech Perception and Production», *J. Comm. Dis.,* 2009; 42(3): 180-194; on line 12 de noviembre de 2008.

GESCHWIND, D.:«Dyslexia», *Science,* 1971; 173(3993):190.

GIBSON, C. J. *et al.*: «The Human Lexinome: Genes of Language and Reading», *J. Comm. Dis.,* 2008; 41(5):409-420.

GIZEWSKI, E. R. *et al.*: «Specific Cerebellar Activation During Braille Reading in Blind Subjects», *Hum. Brain Mapp.,* 2004; 22:229-235.

GRIGORENKO, E. L. *et al.*: «Susceptibility Loci for Distinct Components of Developmental Dyslexia on Chromosomes 6 and 15», *Am. J. Hum. Genet.,* 1997; 60(l):27-39.

—: «Chromosome 6p Influences on Different Dyslexia-Related Cognitive Processes: Further Confirmation», *Am. J. Hum. Genet.,* 2000; 66(2): 715-723.

GRIZZLE, K. L. *et al.*: «Early Language Development and Language Learning Disabilities», *Pediatr. Rev.,* 2001; 22(2 suppl):S99-S103.

—: «Developmental Dyslexia», *Pediatr. Clin. North Am.* 2007; 54:507-523.

HABIB, M.: «La dyslexie: le cerveau singulier», Éditions Solar, Marsella, 1999.

—: «The Neurological Basis of Developmental Dyslexia: An Overview and Working Hypothesis», *Brain,* 2000; 123 Pt 12:2373-2399.

HABIB, M. V. y REY, V. *et al.*: «Phonological Training in Dyslexia Using Temporally Modified Speech: A Three-Step Pilot Investigation», *Int. J. Lang. Comm. Dis.,* 2002; 37(3):289-308.

HABIB, M.: «Bases neurologiques des troubles d'apprentissage», *Réadaptation,* 2002; 486:16-28.

—: «Rewiring the Dyslexic Brain», *Trends in Cognitive Sciences*, 2003; 7:330-333.

—: «Troubles associés et comorbidités dans la dyslexie: de l'observation clinique à la compréhension des mécanismes», en: *Expertise collective sur les troubles de développement du langage oral et écrit*, Institut national de la santé et de la recherche médicale, Éditions INSERM, París, 2006.

HASLAM, R. H. *et al.*: «Cerebral Asymmetry in Developmental Dyslexia», *Arch. Neurol.*, 1982; 38:679-682.

HAY, I. *et al.*: «Language Delays, Reading Delays, and Learning Difficulties: Interactive Elements Requiring Multidimensional Programming», *J. Learn. Disabil.*, 2007; 40(5):400-409.

HAYES, E. A. *et al.*: «Neural Plasticity Following Auditory Training in Children with Learning Problems», *Clin. Neurophysiol.*, 2003; 114:673-684.

—: «Integration of Heard and Seen Speech: A Factor in Learning Disabilities in Children», *Neuroscience Letters*, 2003; 351:46-50.

HEATH, S. M. *et al.*: «Auditory Temporal Processing in Disabled Readers with and Without Oral Language Delay», *J. Child Psychol. Psychiatry*, 1999; 40(4):637-647.

HEILMANN, K. M. *et al.*: «Developmental Dyslexia: A Motor-Articulatory Feedback Hypothesis», *Annals of Neurology*, 1996; 39:407-412.

HEIM, S. *et al.*: «Large-Scale Neural Correlates of Developmental Dyslexia», *European Child & Adolescent Psychiatri/*, 2004; 13:125-140.

—: «Cognitive Subtypes of Dyslexia», *Acta Neuro biol. Exp.*, 2008; 68:73-82.

HESKETH, A. *et al.*: «Phonological Awareness Therapy and Articulatory Training Approaches for Children with Phonological Disorders: A Comparative Outcome Study», *In. J. Comm. Dis.*, 2000; 35:337-354.

HIER, D. B. *et al.*: «Developmental Dyslexia. Evidence for a Subgroup with a Reversal of Cerebral Asymmetry Dyslexia», *Arch. Neurol.*, 1978; 35:90-92.

IVRY, R. B. *et al.*: «The Cerebellum and Event Timing: Recent Developments in Cerebellar Research», *Ann. N. Y. Acad. Sci.*, 2002; 978:302-317.

JANTZEN, K. J. *et al.*: «Functional MRI Reveals the Existence of Modality and Coordination-Dependent Timing Networks», *Neuroimage*, 2005; 25: 1031-1042.

KADESJÔ, B. *et al.*: «The Comorbidity of ADHD in The General Population of Swedish School-Age Children», *J. Child Psychol. Psychiatry*, 2001; 42(4): 487-492.

KAPLAN, D. S. *et al.*: «Influence of Parents' Self-Feelings and Expectations on Children's Academic Performance», *J. Educ. Res.,* 2001; 94:360-370.

KEYS, M. P.: «The Paediatrician's Role in Reading Disorders», *Paediatr. Clin. North Am.,* 1993; 40:869-870.

KLINGBERG, T. *et al.*: «Microstructure of Temporo-Parietal White Matter as a Basis for Reading Ability: Evidence from Diffusion Tensor Magnetic Resonance Imaging», *Neuron,* 2000; 25:493-500.

KOOISTRA, L. *et al.*: «Motor Correlates of ADHD: Contribution of Reading Disability and Oppositional Defiant Disorder», *J. Learn. Disabil.,* 2005; 38:195-206.

LAGAE, L.: «Learning Disabilities: Definitions, Epidemiology, Diagnosis, and Intervention Strategies», *Ped. Clin. North Am.,* 2008; (55)6:1259 1426.

LALAIN, M., HABIB, M. *et al.*: «Dyslexia: The Articulatory Hypothesis Revisited», *Brain & Cognition,* 2003; 53:253-256.

LARSEN, J. R. *et al.*: «MRI Evaluation of the Size and Symmetry of the Planum Temporal in Adolescents with Developmental Dyslexia», *Brain Lang.,* 1990; 39:289-301.

LEFAVRAIS, R.: «Test de l'analyse de la vitesse en lecture à partir d'un texte: L'alouette-R.», Les Éditions du Centre de psychologie appliquée, París, 2006.

LERNER, J. W.: «Educational Intervention in Learning Disabilities», *J. Am. Acad. Child Adolesc. Psychiatry,* 1989; 28:326-331.

LITT, J. *et al.*: «Learning Disabilities in Children with Very Low Birthweight: Prevalence, Neuropsychological Correlates, and Educational Interventions», *J. Learn. Disabil.,* 2005; 38:130-141.

LONGCAMP, M. *et al.*: «Visual Presentation of Simple Letters Activates a Promoter Area Involved in Writing», *Neuroimage,* 2003; 19(4):1492-1500.

—: «The Influence of Writing Practice on Letter Recognition in Preschool Children: A Comparison Between Hand Writing and Typing», *Acta Psychologica,* 2005; 119(1):67-79.

LUSSIER, F. y FLESSAS, J.: «Neuropsychologie de l'enfant: troubles développementaux et de l'apprentissage», Éditions Dunod, París, 2001.

LYYTINEN, H. *et al.*: «Early Development of Children at Familial Risk for Dyslexia: Follow-up from Birth to School Age», *Dyslexia,* 2004; 10: 146-178.

MARSHALL, C. M. *et al.*: «Rapid Auditory Processing and Phonological Ability in Normal Readers and Readers with Dyslexia», *Speech Lang. Hear. Res.,* 2001; 44(4):925-940.

McARTHUR, G. M. *et al.*: «On the "Specifies" of Specific Reading Disability and Specific Language Impairment», *Child Psychol. Psychiatry,* 2000; 41(7):869-874.

McCRORY, E. *et al.*: «Abnormal Functional Activation During a Simple Word Repetition Task: A PET Study of Adult Dyslexics», *Cognitive Neurosc.,* 2000; 12(5):753-762.

McGEE, R. *et al.*: «Time Perception: Does It Distinguish ADHD and RD Children in a Clinical sample», *J. Abnorm. Child Psychol.,* 2004; 32: 481-490.

MENG, H. *et al.*: «DCDC2 Is Associated with Reading Disability and Modulates Neuronal Development in The Brain», *Proc. Natl. Acad. Sci. USA,* 2005; 102(47):17053-17058.

MERZENICH, M. M. *et al.*: «Temporal Processing Deficits of Language-Learning Impaired Children Ameliorated by Training», *Science,* 1996; 271: 77-81.

MODY, M. *et al.*: «Speech Perception Deficits in Poor Readers: Auditory Processing or Phonological Coding. *Exp. Child Psychol.,* 1997; 64(2): 199-231.

MOE-NILSSEN, R. *et al.*: «Balance and Gait in Children with Dyslexia», *Exp. Brain Res.,* 2003; 150:237-244.

MORRIS, D. W. *et al.*: «Family-Based Association Mapping Provides Evidence for a Gene for Reading Disability on Chromosome 15q», *Hum. Mol. Genet.,* 2000; 9:843-848.

NAGY, Z. *et al.*: «Maturation of White Matter is Associated with the Development of Cognitive Functions During Childhood», *J. Cognitive Neurosc.,* 2004; 16(7):1227-1233.

NAKAMURA, K. *et al.*: «Subliminal Convergence of Kanji and Kana words: Further Evidence for Functional Parcellation of The Posterior Temporal Cortex in Visual Word Perception», *J. Cognitive Neurosc.,* 2005; 17(6): 954-968.

NICOLSON, R. I. *et al.*: «Dyslexia, Development and the Cerebellum», *Trends Neurosci.,* 2001; 24(9):515-516.

O'HARE A. *et al.*: «The Association of Abnormal Cerebellar Function in Children with Developmental Coordination Disorder and Reading Difficulties», *Dyslexia*, 2002; 8:234-248.

OLSON, R. K.: «Dyslexia: Nature and Nurture», *Dyslexia*, 2002; 8:143-159.

ORGANIZACIÓN MUNDIAL DE LA SALUD (OMS). *Clasificación Internacional de Enfermedades.* (CIM-10) 10.ª revisión. 2007. http://apps.who.int/classifications/apps/icd/icd10online/

ORTON, S. T.: «World-Blindness in School Children», *Arch. Neurol. Psych.,* 1925; 14(5):285-516.

—: «Specific Reading Disability-Strephosymbolia», *J. the Am. Med. Ass.,* 1928; 90(14):1095-1099.

—: *Word-Blindness in School Children and Other Papers on Strephosymbolia: (Specific Language Disability-Dyslexia)* 1925-1946 (Orton Society. Monograph).

OTAL, Y., SINTES, C. y RELLO, L.: «Tecnología para la reeducación de los disléxicos». Congreso Por el derecho a una educación de calidad. Barcelona, 24-26 de octubre de 2013.

PANNETIER, E.: «Comprendre et prévenir la déficience intellectuelle», Éditions MultiMondes, Québec, 2009.

PAULESU, E. y HABIB, M. *et al.*: «Dyslexia: Cultural Diversity and Biological Unity», *Science,* 2001; 291(5551):2165-2167.

PENNINGTON, B. F.: «Genetics of Learning Disabilities», *J. Child Neurol,* 1995; 10 Suppl. 1:S69-S77.

POSNER, M. I. y ABDULLAEV, G. Y.: «Dévoiler la dynamique de la lecture», *La Recherche,* 1996; 289(11):66-69.

POULIOT, L. y POTVIN, P.: «La puce à l'oreille au sujet du redoublement», *Vie pédagogique,* 2000; 116:49-53.

PRINGLE-MORGAN, W.: «A Case of Congenital Word Blindness», *Brit. Med. J.,* 1896; 2:1378-1379.

RAE, C. *et al.*: «Cerebellar Morphology in Developmental Dyslexia», *Neuropsychologia,* 2002; 1357:1-8.

RAMUS, F. *et al.*: «Dyslexia-Talk of Two Theories», *Nature,* 2001; 412: 393-395.

—: «The Relationship Between Motor Control and Phonology in Dyslexic Children», *Child Psychol. Psych.,* 2002; 44 (5):712-722.

—: «Developmental Dyslexia: Specific Phonological Deficit or General Sensori-motor Dysfunction?», *Current Opinion in Neurobiology,* 2003; 13 (2):212-218.

RASMUSSEN, P. *et al.*: «Natural Outcome of ADHD With Developmental Coordination Disorder at Age 22 Years: A Controlled, Longitudinal, Community-Based Study», *J. Am. Acad. Child Adol. Psychiatry,* 2000; 39:1424-1431.

RELLO, L., BAYARRI, C., OTAL DE LA TORRE, Y. y PIELOT, M.: «A Computer-Based Method to Improve the Spelling of Children with Dyslexia». (PIRULETRAS.PDF), 2014.

RELLO, L., BAYARRI, C. y GORRIZ, A.: «Dyseggxia o Piruletras: Ejercicios Lingüísticos para la Reeducación de la Dislexia en un Juego para Tableta» (Dyseggxia or Piruletras: Language Exercises for Rehabilitation of Dyslexia in a Game for Tablet) (pdf) *TISE 2013: XVIII* Congreso Internacional de Informática Educativa. Porto Alegre, Brasil, 9-11 de diciembre de 2013.

—: «Un juego educativo para niños con dislexia» (Demo). (pdf) Interacción 2013-XIV Congreso Internacional de Interacción Persona-Ordenador. 17-20 de septiembre de 2013, Madrid.

RESCORLA, L.: «Language and Reading Outcomes to Age 9 in Late-Talking Toddlers», *J. Speech Lany. Hear. Res.,* 2002; 45:360-371.

REY, V. *et al.*: «Temporal Processing and Phonological Impairment in Dyslexia. Effect of Phoneme Lengthening on Order Judgement of Two Consonants», *Brain Lany,* 2002; 80:576-591.

RICHARDSON, S.: «Historical Perspectives on Dyslexia», *J. Learn. Disabil.,* 1992; 25 (l):40-47.

ROURKE, B. P. *et al.*: «Neuropsychological Significance of Variations in Patterns of Academic Performance: Verbal and Visual-Spatial Abilities», *J. Abnormal Child Psychol.,* 1978; 6(1):121-133.

SABISCH, B. *et al.*: «Auditory Language Comprehension in Children With Developmental Dyslexia: Evidence from Event-Related Brain Potentials», *J. Cogni. Neuros.,* 2006; 18(10):1676-1685.

SCARBOROUGH, H. S.: «Very Early Language Deficits in Dyslexic Children», *Child Dew,* 1990; 61:1728-1743.

SCHATSCHNEIDER, C. *et al.*: «Using Our Current Understanding of Dyslexia to Support Early Identification and Intervention», *J. Child Neurol,* 2004; 19:759-765.

SCHLAGGAR, B. L. *et al.*: «Development of Neural Systems for Reading», *Annu. Rev. Neurosci.,* 2007; 30:475-503.

SCHUMACHER, J. *et al.*: «Strong Genetic Evidence of DCDC2 As a Susceptibility Gene for Dyslexia», *Am. J. Hum. Genet.,* 2006; 78(1):52-62.

—: «Genetics of Dyslexia: The Evolving Landscape» *J. Med. Genet.,* 2007; 44:289-297.

SEMRUD-CLIKEMAN, M. *et al.*: «Comorbidity Between ADHD and Learning Disability: A Review and Report in a Clinically Referred Sample», *J. Am. Acad. Child Adol. Psychiatry,* 1992; 31:439-448.

SERNICLAES, W. *et al.*: «Perceptual Discrimination of Speech Sounds in Developmental Dyslexia», *J. Speech Lany. Hear. Res.,* 2001; 44:384-399.

SHALEV, R. S. *et al.*: «Developmental Dyscalculia», *Pediatr. Neurol,* 2001; 24(5):337-342.

SHAYWITZ, S. E. *et al.*: «Prevalence of Reading Disability in Boys and Girls, Results of The Connecticut Longitudinal Study», *J. Am. Med. Ass.,* 1990; 264:998-1002.

—: «Interrelationships Between Reading Disability and Attention-Deficit/ Hyperactivity Disorder», *Child Neuropsychol,* 1995; 1(3):170-186.

—: «Current Concepts: Dyslexia», *N. Engl. J. Med.,* 1998; 308(5):307-312.

—: «Dyslexia (Specific Reading Disability)», *Pediatr. Rev.,* 2003; 24:147-153.

—: «Development of Left Occipitotemporal Systems for Skilled Reading in Children After a Phonologically Based Intervention», *Biol. Psychiatry,* 2004; 55:926-933.

—: «Management of Dyslexia, Its Rationale, and Underlying Neurobiology», *Pediatr. Clin. North Am.,* 2007; 54:609-623.

SILANI, G., FRITH, U. y DEMONET, J. F. *et al.*: «Brain Abnormalities Underlying Altered Activation in Dyslexia: A Voxel Based Morphometry Study», *Brain,* 2005; 128:2453-2461.

SNOWLING, M. *et al.*: «Is Preschool Language Impairment a Risk Factor for Dyslexia in Adolescence», *J. Child Psychol. Psychiatry,* 2000; 41:587-600.

—: «Family risk of Dyslexia Is Continuous: Individual Differences in the Precursors of Reading Skill», *Child Dev.,* 2003; 74 (2):358-373.

—: «Children at Family Risk of Dyslexia in Early Adolescence», *J. Child Psychol. Psychiatry,* 2007; 48:609-618.

STEIN, J.: «The Magnocellular Theory of Developmental Dyslexia», *Dyslexia,* 2001; 7(12)12-36.

TALLAL, P.: «Auditory Temporal Perception, Phonies, and Reading Disabilities in Children», *Brain Lang.,* 1980; 9:182-198.

—: «Identification of Language-Impaired Children on the Basis of Rapid Perception and Production Skills», *Brain Lang.,* 1985; 25:314-322.

—: «Improving Language and Literacy Is a Matter of Time», *Nature Reviews Neurosci.,* 2004; 5:721-728.

TEMPLE, E. *et al.*: «Disruption of Neural Response to Rapid Acoustic Stimuli in Dyslexia: Evidence from Functional MRI», *Proc. Natl. Acad. Sci. USA,* 2000; 97:13907-13912.

—: «Neural Deficits in Children with Dyslexia Ameliorated by Behavioural Remediation: Evidence from Functional MRI», *Proc. Natl. Acad. Sci. USA,* 2003; 100:2860-2865.

TIFFIN-RICHARDS, M. C.: «Time Reproduction in Finger Tapping Tasks by Children with Attention-Deficit Hyperactivity Disorder and/or Dyslexia», *Dyslexia,* 2004; 10:299-315.

TRZESNIEWSKI, K. H. *et al.*: «Revisiting the Association Between Reading Achievement and Antisocial Behaviour; New Evidence of an Environmental Explanation from a Twin Study», *Child Dev.,* 2006; 77:72-88.

VELLUTINO, F. R. *et al.*: «Semantic and Phonological Coding in Poor and Normal Readers», *J. Exp. Child Psychol,* 1995; 59:76-123.

WABER, D. P. *et al.*: «Rapid Automatized Naming in Children Referred for Evaluation of Heterogeneous Learning Problems: How Specific Are Naming Speed Deficits to Reading Disability», *Child Neuropsychology,* 2000; 6:251-261.

WADSWORTH, S. J. *et al.*: «Genetic Etiology of Reading Difficulties in Boys and Girls», *Twin Res. Hum. Genet.,* 2005; 8:594-601.

WAI, T. S.: «A Structural-Functional Basis for Dyslexia in the Cortex of Chinese Readers», *Proc. Natl. Acad. Sci. USA,* 2008; 105(14):5561-5566.

WECHSLER, D.: «Échelle d'intelligence de Wechsler pour enfants et adolescents», 4.ª ed., Éditions du Centre de Psychologie Appliquée, París, 2005.

WILLCUTT, E. G. *et al.*: «Psychiatric Comorbidity in Children and Adolescents with Reading Disability» *J. Child Psychol. Psychiatry,* 2000; 41:1039-1048.

WILLCUTT, E. G. *et al.*: «Twin Study of the Etiology of Comorbidity Between Reading Disability and Attention Deficit/Hyperactivity Disorder», *Am. J Med. Genet. (Neuropsychiatry; Genet.)* 2000; 96:293-301.

WOLF, M. *et al.*: «The "Double-Deficit Hypothesis" for the Developmental Dyslexia», *J. Educ. Psychol.,* 1999; 9(3):1-24.

—: «Naming Speed Processes, Timing and Reading: A Conceptual Review», *J. Learn. Disabil,* 2000; 33:387-407.

WYDELL, T. N. *et al.*: «A Case Study of an English-Japanese Bilingual with Monolingual Dyslexia», *Cognition,* 1999; 70(3):273-305.

ZHOU, K. *et al.*: «Linkage to Chromosome lp36 for Attention-Deficit/Hyperactivity Disorder Traits in School and Home Settings», *Biol. Psychiatry,* 2008; 64:571-576.

Índice de materias

Introducción 9

CAPÍTULO 1. Introducción a la dislexia 11
Definición de la dislexia 12
Breve descripción del cerebro 15
    Anatomía del cerebro 16
    Métodos de exploración del cerebro 19
Cronología 22

CAPÍTULO 2. Pequeña historia de la lectura 27
Leer y escribir en el tiempo 27
Leer y escribir en el mundo 32
Leer y escribir en el futuro 36

CAPÍTULO 3. Se lee con todo el cuerpo 41
Los ojos, la visión y la lectura 41
    Las vías visuales 42
    Los movimientos oculares 44
    El ojo y la lectura 45
El oído, el reconocimiento de los sonidos y la constitución
    de un repertorio sonoro 47

Las vías auditivas 47
El reconocimiento de los sonidos del lenguaje 48
El desarrollo de la conciencia fonológica 49
La mano, la lateralidad y la lectura 51
Leer con las manos 51
Manualidad y lenguaje 53
El cerebro, la integración del mundo exterior y la lectura 54
El papel de la integración 54
La atención 55
La memoria 57
Las emociones 62
La química de la lectura 65

CAPÍTULO 4. Hablar y organizarel tiempo y el espacio para leer 69

Reconocer las formas y las estructuras del lenguaje 69
Desarrollar la palabra 70
Reconocer las estructuras del lenguaje escrito 75
Estructurar el tiempo y el espacio 81
Estructurar el espacio 81
Organizar el tiempo 83
Las estrategias de lectura y su aprendizaje 84
Etapa logográfica y método global 85
Etapa alfabética y el «la m con la a: ma» 86
Etapa ortográfica y aprendizaje de la escritura 87
Comprender para poder leer 88
La elección de la eficacia 88

CAPÍTULO 5. La dislexia o las dislexias 91

Las manifestaciones de la dislexia 91
Clasificación de las dislexias 92
La dislexia fonológica 93
La dislexia visoperceptual 97

La dislexia mixta 100

El cerebro disléxico a la luz de las neurociencias. 101

¿De dónde procede la dislexia? 104

Ser disléxico en la escuela. 107

Signos de alerta en la educación infantil. 108

El disléxico durante los años de primaria. 109

El disléxico durante los años de secundaria 112

Ser disléxico en la edad adulta 115

CAPÍTULO 6. La dislexia y los problemas de aprendizaje. 119

Aprendizaje: problemas o dificultades 119

Disortografía 124

Discalculia. 128

Problemas secundarios de aprendizaje. 133

Las disfasias. 133

Las dispraxias 135

El síndrome de disfunción no verbal (SDNV) 137

El trastorno generalizado del desarrollo (TGD) 138

El trastorno por déficit de atención
con o sin hiperactividad (TDAH). 141

La deficiencia intelectual (DI) 142

Síntesis. 144

CAPÍTULO 7. Pistas de tratamiento 149

Reaprender el lenguaje: el papel del logopeda 149

Organizar el espacio: el papel del ergoterapeuta 152

Rehacer las etapas del desarrollo: los métodos
de «reorganización neurofuncional» 154

Tratar el déficit de atención: el papel del médico 155

Trabajar las estrategias de lectura: el papel del logopeda 156

Apoyar el esfuerzo: el papel de la familia 159

Conclusión.   163

Lista de figuras por capítulo.   167

Lista de tablas y cuadros por capítulo   169

Bibliografía   171

Miguel es disléxico

LA PÁGINA DE MIGUEL

¡Hola!

Me llamo Miguel, tengo 8 años y estoy en tercero, en la escuela Los Jardines.

Esta tarde he ido a ver a la logopeda porque tengo dificultades para leer y escribir.

Me ha dicho que me va a ayudar y a enseñarme trucos para que las cosas me vayan mejor.

Le he preguntado por qué
me resulta tan difícil
y me ha dicho que
soy disléxico.

Yo no sé bien lo que eso
quiere decir, pero sí sé
lo difícil que es
para mí.

No siempre comprendo las palabras que me dice la maestra.

Harás la resta en casa.

DEBERES

Verás (¿?) la resta en casa (¿?)

Las letras se mezclan todas en mi cabeza.

Las palabras que leo no significan nada.

Mañana iré a la playa a bañarme

¿ Banana rié ? a la qalaga ? a danareme ?

Las dificultades de conciencia fonológica:

Deficiente análisis de los sonidos que componen las palabras

Par ➜ Bar

Pon ➜ Bon

Den ➜ Ten

El niño disléxico no padece ningún tipo de sordera, aunque siempre sea bueno asegurarse de que su audición es normal, sobre todo si ha sufrido otitis de repetición a temprana edad. De hecho, su cerebro analiza mal los sonidos y tiene dificultades para diferenciar aquellos que se parecen: «p» y «b», «on» y «no», «t» y «d».

Las dificultades visoperceptuales:

Son una percepción alterada de las formas y la orientación de las letras en el espacio

I + o =

p b d q

Leer correctamente requiere del reconocimiento de las letras cuya forma suele ser bastante parecida. La «u» es una «n» al revés; las letras «b», «d», «p» y «q» son todas iguales para un disléxico, dado que todas se componen de un palito vertical con una redondita en distintas posiciones y, al no saber distinguir izquierda de derecha, les cuesta mucho situar un objeto en relación a otro o comparar los tamaños (como saber cuál es más largo).

Los problemas de comprensión:

Son la dificultad para dar sentido a las palabras que se están viendo

pantalón

pan   talón

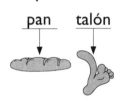

Para intentar compensar sus dificultades, el niño disléxico realiza tremendos esfuerzos; utiliza estrategias, no siempre eficaces, que le llevan mucho tiempo, tanto tiempo que las palabras acaban por perder su significado. Es incapaz de construirse una imagen mental para comprender la palabra que tan penosamente intenta descodificar.

Las palabras no se quieren quedar
en mi cabeza; consigo escribirlas
cuando estoy haciendo los deberes,
pero al día siguiente ya se me han
olvidado.

Escribe
«barco»

DICTADO

Trabajo mucho, mucho más que mi amiga Eva,
pero siempre saco malas notas.

Animales con la

«C»

Cabra

Camaleón

Cobra

Cocodrilo

Culebra

Caballo

Cebra

Canguro

La dificultad de acceso al léxico:

Es la incapacidad para encontrar las palabras y los conocimientos adquiridos

En nuestro cerebro, las palabras se clasifican por categorías según su sentido; dentro de cada categoría, se clasifican por su sonido inicial. Es como las pestañas de las carpetas, cada una de las cuales marca la categoría dentro de la cual están los dosieres ordenados alfabéticamente. A medida que vamos aprendiendo, va creciendo nuestro léxico archivado y podemos acceder a las nuevas palabras que vamos aprendiendo. De esta forma, las podemos encontrar cuando las necesitamos. Todo el mundo ha experimentado alguna vez la dificultad de acceso al léxico: cuando no encontramos la palabra adecuada, cuando no recordamos un nombre e intentamos recordar su inicial para tener una pista.

Las repercusiones psicológicas:

Es el sentimiento de injusticia antes los grandes esfuerzos invertidos para acabar obteniendo más y más fracasos

Ser disléxico no es lo mismo que ser perezoso. ¡Todo lo contrario! Los niños disléxicos se agotan intentando seguir el ritmo de aprendizaje de sus compañeros. Con el paso de los cursos y tanto esfuerzo mal recompensado, muchos niños se desaniman, sobre todo si no han recibido el apoyo adecuado en el medio escolar y si no cuentan con la comprensión de su familia.

He ido con mi madre a visitar
al doctor García. Es neuropediatra.

Me ha hecho muchas preguntas y me ha
preguntado qué es lo que más me gusta de la escuela.

Le he dicho que prefiero las matemáticas.
Soy bueno en cálculo, pero los problemas
me resultan muy difíciles porque no entiendo
el enunciado ni las preguntas.

También le ha preguntado a mi madre
cómo se sentía ella cuando yo vivía
en su tripa, a qué edad empecé
a andar, cuándo empecé a ir
en triciclo, si me gusta pintar
o si me gusta ver la tele.

No entiendo qué tienen que ver
esas cosas con mis problemas
para leer y escribir...

Luego me ha examinado
y me ha hecho unos test
muy raros.

A fin de diagnosticar con precisión las dificultades de Miguel, la escuela sugirió a sus padres que consultaran con un especialista que evaluara los problemas de aprendizaje de su hijo. Si bien todos los médicos pueden hacerlo, algunos pediatras y neuropediatras tienen un interés particular en estas problemáticas. El diagnóstico se establece basándose en los síntomas de Miguel y en los exámenes que se la han hecho. El especialista se asegura que no haya otras dolencias que pudieran explicar los problemas escolares. Necesitará bastante información de los padres y la mamá de Miguel es citada, a solas, para llevar un montón de documentación y elementos útiles para responder a las preguntas del especialista.

Preguntas frecuentes por parte del especialista

- Desarrollo del embarazo: estado de salud, ingesta de medicamentos, alcohol, tabaco, drogas…
- Parto: a término, duración del trabajo de parto, complicaciones.
- Nacimiento: peso al nacer, Apgar, dificultades especiales (como falta de oxígeno…)
- Desarrollo: edad a la que Miguel dijo sus primeras palabras, sus primeras frases, si gateó o no, cuándo empezó a andar, cuándo fue en triciclo… Su socialización (guardería), sus juegos y actividades.
- Escolarización: adquisición de competencias preescolares, adaptación a la educación infantil, desarrollo de sus primeras etapas de aprendizaje de la lectura, de la escritura, del cálculo, sus deberes…
- Estado de salud: infecciones (otitis, meningitis…), traumatismo craneal, epilepsia…
- Antecedentes familiares: problemas de lenguaje o de aprendizaje, sordera, dislexia, TDAH, enfermedades genéticas…

Documentación requerida

- Tarjeta sanitaria
- Notas desde educación infantil
- Trabajos escolares del curso actual
- Informes de evaluación redactados por la escuela o por vía privada: logopedia, neuropsicología, ortofonía, ergoterapia, etc.

Por fin, el doctor García me ha dicho por qué tengo tantos problemas en el cole. Es por culpa de la dislexia.

No es una enfermedad, como la gripe, y no se contagia. Es una forma peculiar de funcionamiento que tiene mi cerebro cuando leo, escribo o hago ciertas actividades. Como esto me va a durar toda la vida, me tendré que acostumbrar a decir que soy disléxico.

Yo no tengo ningún otro problema, pero muchos niños disléxicos también tienen déficit de atención (que es la dificultad para concentrarse), otros tienen ansiedad o problemas de comportamiento. Necesitan ser tratados para que puedan aprovechar la ayuda que les den para la dislexia.

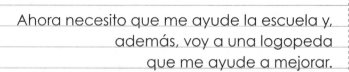

Ahora necesito que me ayude la escuela y, además, voy a una logopeda que me ayude a mejorar.

Seguiré trabajando duro y, así, seguro que conseguiré ser piloto de cohetes espaciales, ¡como siempre he soñado!

El *diagnóstico* de la dislexia se consigue mediante evaluaciones que tengan en cuenta las dificultades persistentes que presenta un niño, los resultados de test específicos sobre lectoescritura y un examen médico. Este último buscará, esencialmente, problemas de visión o de audición, anomalías del desarrollo neurológico, una posible deficiencia intelectual, un trastorno generalizado del desarrollo o problemas afectivos.

Las anomalías auditivas derivadas de otitis de repetición a temprana edad, una miopía que ha pasado inadvertida, un TDAH, una deficiencia intelectual leve, son algunos ejemplos de condiciones que pueden interferir en el correcto aprendizaje y pasar por una dislexia, sin serlo.

En ocasiones, la dislexia se asocia a problemas de ansiedad, de comportamiento, o de déficit de atención, que deben ser tratados para mejorar las medidas de compensación de la dislexia y ayudar a Miguel.

Los *recursos* no son los mismos en todas las escuelas, las sensibilidades de cada maestro tampoco y los problemas presupuestarios influyen en la calidad y cantidad de servicios que se puedan ofrecer a Miguel:

- Logopedia
- Psicoterapia
- Ortofonía

Ante el limitado acceso a estos servicios de readaptación escolar, muchos padres se dirigen a especialistas del sector privado:

- Logopedia
- Ortopedagogía
- Psicoterapia
- Neuropsicología
- Ergoterapia
- Terapias no convencionales

El papel de los padres

No es necesario ser un especialista para ayudar a un hijo disléxico. Hay que comprender qué es la dislexia, aplicar las estrategias que nos hayan recomendado los especialistas y las fuentes documentales, animar al niño disléxico sin ensañarse nunca con él ni sobrecargarlo de trabajo. Esa es la base de un apoyo adaptado y eficaz... ¡Y es la clave del éxito a largo plazo!

31901063425054